JN278891

井上 智義 編

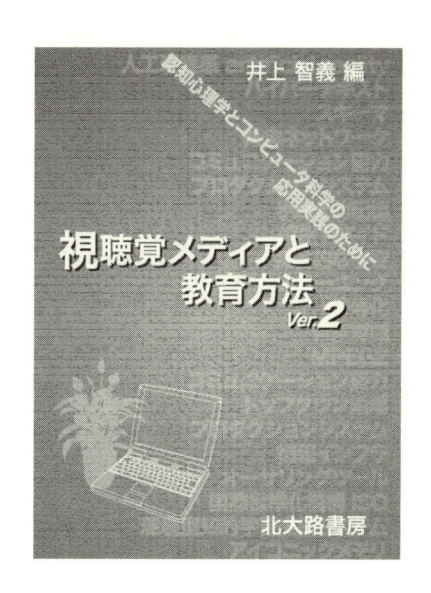

認知心理学とコンピュータ科学の
応用実践のために

視聴覚メディアと
教育方法 Ver.2

北大路書房

◎

執筆者一覧(執筆順)

◆

編者／井上智義

◆

井上智義	■同志社大学社会学部教授 [教育方法学,言語心理学]	:1章,5章,7章
井上　毅	■滋賀大学教育学部教授 [認知心理学]	:2章
菊池　聡	■信州大学人文学部准教授 [認知心理学]	:3章
谷口高士	■大阪学院大学情報学部教授 [認知心理学,感情心理学]	:4章
清水寛之	■神戸学院大学人文学部教授 [認知心理学,発達心理学]	:6章
藤田哲也	■法政大学文学部教授 [認知心理学,教育心理学]	:8章
岡本　竜	■高知大学理学部准教授 [教育工学,知識科学]	:9章

はじめに

　初版『視聴覚メディアと教育方法』が発刊されて，すでに7年が経過しようとしています。幸いにして，この本は教育効果を上げるために情報機器や視聴覚メディアを活用したいと考えている多くの人たちの賛同と支持を得ることができました。内容的には今なお改訂をする必要がない普遍的な記述も数多く含まれています。しかし，視聴覚メディアに関する領域は，とりわけ技術革新と環境の変化が著しい分野で，必ずしも，その内容が最も適切で充分であるとは考えられなくなってきました。また，本書が特徴としている認知心理学や教育心理学の裏づけも新しい知見が見いだされています。

　そこで本書，『視聴覚メディアと教育方法 Ver.2』は，この間の時代の変化に対応すべく，なおかつ，活字離れの激しい若い世代にも読みやすい内容とするために，以下にあげる5つの項目に留意して，アップデートすることにしました。(1)最近の情報機器の技術革新や通信ネットワークの整備の内容を紹介する。(2)最近の認知心理学や教育心理学の研究知見を紹介する。(3)図表や写真，イラストなどの視覚イメージ情報を豊富にする。(4)文字のみの記述による情報を減らす。(5)具体例をあげた記述に心がける。

　本書の対象読者とするところは，新しい視聴覚メディアやコンピュータを教育の現場で活用したいと考えている意識の高い人たちです。そのようなことを大学で研究したいと思っている人たち，実際に教育現場の第一線で活躍されている先生方，さらには，企業の研究機関などで，教育関係の視聴覚メディアやコンピュータのソフトウェアを開発されている方々など，多くの人たちに読んでいただきたいという思いで企画しました。

　本書はそれぞれ3章からなる基礎理論編，情報活用編，教育実践編の3部構成となっています。第1部の基礎理論編では，人間の知覚や記憶，言語理解など，いわゆる高次な人間の認知機能の問題を扱っています。さまざまな情報を理解する人間のメカニズムの解明は，認知心理学が明らかにしようとしている大切な部分です。その基本が理解できれば，真に学習に役立つ視聴覚メディアの活用が可能だと考えました。第2部の情報活用編では，インターネットによ

る情報の検索や，障害者と高齢者を支援する情報機器の問題，また，より一般的なメディア社会と人間の暮らしについて，具体的に紹介することを心がけました。急激な情報化社会への変化は，教育の領域に限らず，私たちの生活のさまざまな側面に大きな変化をもたらしています。最後に第3部の教育実践編では，情報の視覚化とその教育効果，そして心理学に基づいた教育方法，さらには教育実践の場で役立つソフトウェアの研究開発の問題を取り上げました。

各章の執筆は，いずれも各領域の第一線で活躍している中堅の研究者にお願いしました。各執筆者ともそれぞれの研究と教育活動で多忙であるにもかかわらず，編者の要請を快諾していただき，初版『視聴覚メディアと教育方法』で執筆いただいた内容を，より充実したものに更新していただきました。なお，表紙のデザインは初版に引き続き，第3章執筆者の菊池聡氏に，また各章のはじめに掲げるイラストは，第8章執筆の藤田哲也氏にそれぞれお願いしました。最後になりましたが，今回の出版に関しては，北大路書房の薄木敏之氏にたいへんお世話になりました。記して皆さんに感謝申し上げます。

2006年3月

編者　井上 智義

目　次

はじめに

第1部　人間の情報処理

1章　視聴覚メディア論と人間の認知活動 …………………………………… 3
1　視聴覚メディアの発達とその利便性　3
　(1)視聴覚メディアの発達の歴史／(2)視聴覚メディアと通信技術の革新
2　人間の情報処理と視聴覚メディアの接点　9
　(1)人間の情報処理／(2)人間に理解されやすい情報とは／(3)画像情報と音声情報が理解に与える影響
3　教育活動と学習者の認知過程　14
　(1)教育におけるプレゼンテーション／(2)言語理解と記憶の負荷を小さくする工夫

2章　記憶システムと知識 ………………………………………………………… 19
1　人間の情報処理と記憶　19
2　記憶の情報処理モデル　20
　(1)感覚記憶／(2)パターン認知／(3)短期記憶／(4)短期記憶から長期記憶への情報の転送／(5)長期記憶
3　画像的記憶とイメージ　26
　(1)画像的記憶／(2)イメージ
4　知識としての記憶　31
　(1)意味記憶／(2)スキーマ理論／(3)手続き的知識

3章　人の眼と機械の眼 …………………………………………………………… 39
1　「見る」ための装置の基本的なしくみ　39
　(1)人の知覚はカメラにたとえられる／(2)光景を結像させる―光学系のはたらき―／(3)結像を信号に変える／(4)色情報を信号に変える
2　デジタル化する映像機器　46
　(1)電子の眼でとらえる映像機器／(2)アナログからデジタルへ／(3)デジタル画像化技術の基本／(4)デジタルデータの圧縮技術／(5)代表的な画像データ形式
3　映像データ活用のための補足知識　55
　(1)デジタル映像機器での「色」の扱い／(2)デジタル動画映像の圧縮と規格

第2部　新しいメディアと生活の利便性

4章　インターネットを通しての情報活用――何でもあるけど，本当に必要なものはめったにみつからない ……………………………………………… 61
1　求められるリテラシーの変化　61
2　情報通信インフラとしてのインターネット　63
　(1)インターネットとは／(2)インターネットで何ができるのか

3　インターネットにおける情報の発信　65
　　　⑴ホームページとは何か／⑵ホームページを見る／⑶新しい発信の形…ブログ
　　4　インターネットによるコミュニケーション　69
　　　⑴今や電話に変わるツールとしてのメール／⑵メーリングリストを活用する／⑶ネット掲示板の光と影
　　5　インターネットによる情報の検索：本当に必要な情報はみつかるのか？　74
　　　⑴インターネットは情報の洪水／⑵ホームページ検索サービスを利用する／⑶リンク集を利用する／⑷Googleを使って情報を探す／⑸的確な検索は知識を構造化する／⑹RSSを利用してみよう／⑺インターネット上の情報は信頼できるのか
　　6　インターネットにおけるセキュリティ　81
　　　⑴ローカル環境でのセキュリティ／⑵コンピュータウィルス／⑶インターネット環境でのセキュリティ

5章　障害者と高齢者を支援する情報機器　89
　　1　情報機器を活用できないことからくる不利益　89
　　　⑴情報弱者をつくらないために／⑵年齢別のインターネット利用状況
　　2　障害を補完するための情報機器　91
　　　⑴ユニバーサル・デザイン／⑵ハンディキャップを取り除く情報機器／⑶入力装置のいろいろ
　　3　コミュニケーションを支援するツール　95
　　　⑴補助代替のコミュニケーション手段（AAC）／⑵視覚シンボルを活用したツール／⑶冗長な情報が理解を助ける

6章　メディア社会と人間の暮らし　103
　　1　はじめに　103
　　2　情報化社会，ネットワーク，メディア，ユビキタス　104
　　　⑴情報化社会とは／⑵メディアとは／⑶メディア社会・ブロードバンド・ユビキタスネットワーク社会
　　3　社会の情報化と個人生活の変化　110
　　　⑴社会の情報流通量の変化／⑵個人生活における情報化の流れ／⑶情報化社会の進展による個人生活の変化

第3部　教育の効率を高めるメディア利用

7章　情報の視覚化と複数の感覚を活用する教育　121
　　1　学習しやすい情報の形　121
　　　⑴情報の具体性と抽象性／⑵画像情報の効果に関する心理学実験／⑶情報の記憶と二重符号化説
　　2　情報の視覚化とビジュアル・コミュニケーション　126
　　　⑴ことばで記述しにくい情報／⑵アニメーションを用いた視覚化
　　3　複数の感覚を活用する教育　129
　　　⑴具体的な理解が必要な学習とその教育方法／⑵習得と学習の違いとそれぞれの教授法／⑶マルチメディアやVR体験学習が効果的

8章　心理学を活かした教育実践のために ……………………………135
　1　記憶の理論を教育方法に応用しよう　136
　　(1)さまざまな記憶と，それぞれの特徴／(2)記憶の種類によって異なる最適な教育方法
　2　コミュニケーションのある授業を支援するコンピュータ　143
　　(1)紙メディアでのコミュニケーション例／(2)ネット上で効果的なコミュニケーションを実現させるためのポイント／(3)とりあえず実践してみたいという人のために：名古屋大学高等教育研究センターのゴーイングシラバス

9章　教育用ソフトウェアの研究開発 ……………………………………157
　1　マルチメディア技術とは？　157
　　(1)マルチメディアで扱われる情報／(2)代表的なマルチメディア手法
　2　教育用ソフトウェアのタイプ　163
　　(1)マルチメディア教材／(2)学習支援システム
　3　マルチメディア教材の種類　164
　　(1)ドリル型教材と解説指導型／(2)シミュレーション型／(3)データベース型／(4)エデュテイメント型／(5)オーサリングツール
　4　学習支援システムとマルチメディアの関係　168
　　(1)学習支援システムとは？／(2)学習支援システムの基本的なアーキテクチャ
　5　マルチメディアを利用した学習支援システム　170
　　(1)ILE／(2)環境型知的学習支援システム／(3)ネットワークを利用した学習支援システム

用語解説　177
索引　186

本文中の＊印は用語解説の項目

第1部
人間の情報処理

　あなたは，電話をかけるとき，どちらの手で受話器を持ちますか？
　多くの人は自分で実際に手を動かしてみて，「右手」と答えられたのではないでしょうか。右耳で相手の声を聞くのには，それなりに論理的な根拠があるのです。私たちの脳で言語を処理するのは，主として左半球であることはよく知られた事実です。じつは，その大脳左半球へは，左耳からよりも右耳からのほうがより多くの神経繊維がシッカリした連絡路をもっているのです。ですから，言語の処理における右耳優位性がこれまでの研究でも実証されています。もっとも，左耳の聴力のほうがよいとか，左利きだという方のなかには，「左耳」と答えた方がおられても，それはけっして不思議なことではありません。
　本書の第1部では，人間の情報処理について，視聴覚メディアの問題を論じるときに，知っていたほうがよい基礎的な知識をわかりやすく説明しています。

1章 視聴覚メディア論と人間の認知活動

愛：このナゾナゾ，わかる？
　　「丸い顔して針をのせると歌い出すもの，なぁに」って。
翔太：レコードだろ？
愛：へぇ，さすが。ヤッパ，年上，古いことよく知ってるわね。
翔太：ほめてるのか，それって？
　　そう言えば，レコードって，
　　すっかり見なくなっちゃったよな。
愛：私なんか，ゼンゼン知らないよ。
　　それって，CDと何が違ったの？
翔太：途中の曲から聞くっていうのが，
　　大変だったんだよな。
愛：そうなの？ CDだったら，頭出しって，
　　わけないのにね。
翔太：おまけに何回も聞くと，すり減って
　　だんだん音も悪くなってくるんだよな。
　　CDには，それがないし。
愛：それが，「情報のデジタル化」って
　　ことなのかしら？

本章の著者の研究内容については，http://www.doshisha.ac.jp/~tinoueを参照されたい。

1　視聴覚メディアの発達とその利便性

(1) **視聴覚メディアの発達の歴史**

　最近の視聴覚メディアや情報通信の技術革新は目を見はるものがある。すでに，インターネット*は，私たちの家庭と世界中のパソコンをつなぎつつある。携帯電話からも，さまざまな情報にアクセスが可能である。そこでは，身近な地域の交通情報や天気予報から，広くは世界中のできごとやその画像情報までも瞬時に知らせる情報網が活用可能である。

そもそも，人に何かをうまく伝えようとすると，なんらかの道具や材料が必要になる。一般に効率よくコミュニケーション*をとろうとすると，それを支えるさまざまなメディアが用いられることになる。遠くにいる人とコミュニケーションをとろうとすると，郵便や電話だけでなく，電子メールやファックスが便利である。

伝達する相手が近くにいるような場合でも，文字やことばだけではうまく伝わらないことを人に伝えようとすると，スクリーンに映像を映してみたり，写真を見せたりすると，よく理解されるという経験は，多くの人がもっていることである。

視聴覚メディアとは，私たちのコミュニケーションを効果的に支援する道具であり，文字情報だけでなく，視覚イメージ情報，または音楽・音声などの聴覚情報，あるいはその両者を伝達するさまざまな種類のメディアを総称するもの，と定義できる。コミュニケーションとは，一般的には，対人コミュニケーションやマス・コミュニケーションをさすことが多いが，個人のなかでの自分と自分のやりとりを含む考え方もあり，人間の高次な認知機能である思考や記憶などを支援するような道具も，視聴覚メディアとよんでもさしつかえない。

日本における視聴覚メディアとテレビ・ラジオの放送に関する歴史を表1-1にまとめてみた。この年表からもわかるように，明治の初めにスライドがわが国に導入されたのを皮切りに，教育の現場で視聴覚メディアが活用されていく歴史をみることができる。そして，アメリカ合衆国などの技術先進国の影響を強く受けながらも，第二次世界大戦後は，日本独自の技術開発もすすみ，今日では，わが国はこの領域をリードする存在になっているといってもよいだろう。

また，技術革新の全体の流れとしては，光学メディアから磁気メディアへの移行，もう少し厳密にいうと，磁気メディアの要素を多分に取り入れた視聴覚メディアへの移行が，年表からも確認できる。そして，視聴覚メディアで伝達される情報の性質についてみてみると，静止画像から動画への移行，モノクロ映像からカラー映像への移行，音声多重やステレオ録音など複数のチャンネルを利用した聴覚情報への移行などが，その歴史的変化の特徴としてあげられる。また，視覚・聴覚単独の情報から，両者を組み合わせた情報への移行，高品位の画質や音質への移行，そして最近では，アナログ情報からデジタル情報*へ

表1-1　視聴覚メディアとテレビ・ラジオ放送の歴史

年		出来事
1646		ドイツ人によって，幻灯が発明される。
1779		杉田玄白によって紹介された幻灯が「影絵目鏡」とよばれ市販される。
1841	☆	フランス人によって，幻灯機にズームレンズが使用される。
1874	☆	写真スライドと洋式幻灯機が日本に導入される。
1879		エジソンが白熱灯を発明。
1880	☆	文部省による幻灯画の作成と師範学校への配布の試み。
1897	☆	映画の公開の開始。
1910	☆	アメリカにおいて教育映画の利用開始。
1912	☆	アメリカにおいて携帯用スライド映写機の生産が開始される。
1921	☆	学校が映写機の購入を開始。
1925		東京放送局，ラジオの仮放送開始。ラジオ「英語講座」など放送される。
1931		ラジオ第2放送の開始。
1935		ラジオ学校放送全国向け放送を開始。
1947		学校放送全学年向けに社会科番組を放送。
1948	☆	GHQによる16ミリ発声映写機の大量供与。教育映画として標準規格に。
1950	★	テープ式携帯用磁気録音機の生産発売。
1952	★	発声スライド映写機（テープ式録音機と映写機を接続したもの）の開発。
1953		NHKの本放送（日本初のVHF波利用放送）の開始。
1954	☆	OHP（オーバーヘッド・プロジェクタ）の開発。
1955		携帯用小型ラジオが登場。
1956	★	8ミリ磁気録音式発声映写機の開発。
1959		NHKの教育専門局の開局。
1960	☆	8ミリ映写機の市販品発表。教育用として自作の映像の活用が可能に。
		テレビ番組のカラー化による本放送が開始。
		ソニーが世界初のトランジスタテレビを発売。
1961	☆	8ミリ光学録音式発声映写機の開発。
1963		UHF波によるテレビ放送の開始。多チャンネル化と難視聴地域の解消に貢献。
1964	☆	エンドレス方式の8ミリ映写機の開発。
	★	ポータブル・ビデオテープレコーダの発売。
1965	☆	8ミリ映写機の画面大型化。フィルムの技術改革で16ミリの特性に迫る。
1967	★	カセット式テープレコーダの開発。
1968	★	ビデオカセットを使用した録画機の開発。
		日本初の都市型CATV「日本ケーブルビジョン放送網」が業務開始。
1969		FM波によるラジオ放送の開始。音質が向上しラジオ局の数が増加。
		アメリカ国防省でARPANETが使用開始。
		NHKがテレビ音声多重実験放送開始。
1970	★	ビデオディスク（ディスク式映像再生機）の開発。
1971		NHK総合テレビ番組の全時間カラー化完成。
1972		放送大学の実験番組放送開始。
1977		NHK教育テレビ番組の全時間カラー化完成。
1978		日本初の実験用放送衛星の打ち上げ。
1982		NHKが音声多重放送の本放送を開始。
1983		文字多重放送実用化試験放送の開始。
1984		世界初の直接衛星放送の開始。
1985		カナダで開発されたドーム映像のオムニマックスがつくば博で紹介される。
1989		NHK衛星放送の開始。ハイビジョンの定時実験放送の開始。
1992		3Dハイビジョンシアターが東海大学海洋博物館に設置される。
1994		立体巨大映像シアターが大阪「天保山」に設置される。
1996		日本で通信衛星（CS）を使ったデジタル方式の多チャンネル放送開始。
		CATVによるインターネットが開始。
1997		日本で固定電話の契約数が減少に転じる。
1998		アメリカにおいて地上波を使ったテレビ局のデジタル放送開始。
2000		日本で放送衛星（BS）を使ったデジタル放送開始。
		日本で携帯電話が固定電話の契約数を上回る。
2003		日本の3大都市圏で地上波を使ったテレビ局デジタル放送開始。
		世界でも携帯電話が固定電話の数を上回る。
2004		中国での携帯電話の契約数が3億を超える。

注：☆印は光学メディア，★印は磁気メディアの関連項目を示す。

の移行も，そのひとつの特徴としてあげられる。情報をデジタル化することによって，編集や加工が容易になり，保存や送受信がスムーズになるなど，情報の性質という観点からとらえても，着実な発展を遂げている。

　さらに，技術革新の結果として，各種のメディアや情報関連機器の大量生産化，それにともなう，低価格化，小型化，軽量化などにより，いろいろな分野での視聴覚メディアの普及はめざましいものがある。プレゼンテーション*のために，コンピュータと液晶プロジェクタを簡単に接続して使用することは，いまや研究発表だけでなく，仕事上での営業活動としても家庭での娯楽としても，めずらしくない一般的な現象になりつつある。それは教育の領域においても例外ではなく，後で紹介する教育工学や視聴覚教育の研究領域においても，視聴覚メディアの教育実践への導入や効果的な活用について，活発な議論がなされている。

(2) **視聴覚メディアと通信技術の革新**

　教育メディアとしては，前述の視聴覚メディアのほかに，語学演習用の情報機器としてランゲージ・ラボラトリー（ＬＬ教室）や多数の学習者の反応を即座に分析することが可能な反応分析器，そして教育関連ソフトなどを取り込んだコンピュータなどをあげることができる。

　とりわけコンピュータは，教育の領域だけでなく，あらゆるメディアを統合し，さまざまな視聴覚メディアを制御する中核的な役割を果たすようになってきている。そして，コンピュータとインターネットに代表される通信システムの統合により，すでに新しいコミュニケーションのシステムが開発されたり，新しいタイプの視聴覚メディアが開発されている。

　表1-2には，以前の情報機器と比較的新しい情報機器を対比させて表の形で示している。一般の目には，たとえば，フィルムを使っていた従来のカメラと，メモリースティックやカード型の新記憶媒体などを使用するデジタルカメラでは，何が大きく変わっているのかは，把握しにくい部分がある。従来のビデオカメラとデジタルビデオカメラでは，使用者にとって操作上の違いはほとんど感じられないし，活用する場面にもとくに違いはないようである。もちろん，商品のデザインがより好ましいものに変更されたり，商品の小型化や軽量化が

表1-2 視聴覚メディアの新旧比較

	従来からの視聴覚メディア		新しい視聴覚メディア	
視覚メディア	カメラ OHP スライドプロジェクタ	[フィルム] [TPシート] [スライド]	デジタルカメラ OHC 液晶プロジェクタとパソコン 文字放送受信機 FAX	[新記憶媒体] [ケーブル] [ケーブル] [電波] [電話回線]
聴覚メディア	レコード・プレーヤー テープ・レコーダ ラジオ受信機 固定電話	[レコード] [磁気テープ] [電波] [電話回線]	CDプレーヤー MDプレーヤー 携帯電話	[コンパクトディスク] [ミニディスク] [電波]
視聴覚メディア	ビデオ・デッキ 16ミリ映写機 8ミリ映写機 テレビ受信機	[ビデオカセット] [16ミリフィルム] [8ミリフィルム] [電波]	DVD レーザーディスク・プレーヤー ハイビジョン受信機 双方向有線テレビ 携帯端末でのテレビ受像 マルチメディア型コンピュータ	[デジタル多用途ディスク] [レーザーディスク] [電波] [ケーブル・電話回線] [電波] [CD-ROM・ケーブル]

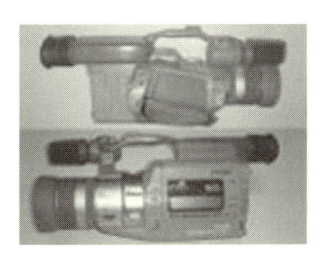

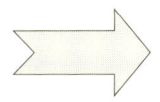

（アナログ式）ビデオカメラ → デジタルビデオカメラ

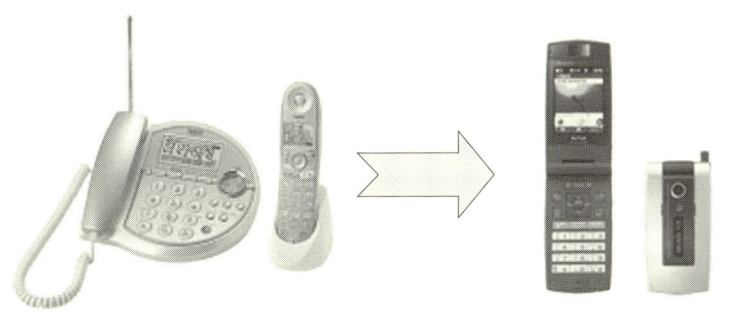

固定電話 → 携帯電話

はかられるというようなことは，これまでのメディアの発達の傾向と矛盾するものではない。

　コンピュータが各種の視聴覚メディアを統合することによって必要とされる変更点は，必ずしも，その使用者にとって便利になることばかりではない。むしろ，古いメディアから新しいメディアへ移行する過渡期においては，その相互間の情報のやりとりがむずかしくなったり，従来は必要とされなかった高額の機器を購入する必要が出てくる事態も考えられる。

　真の意味での視聴覚メディアの発達を考えようとすると，やはり使用者にとって利便性が高いこと，操作が容易であること，それらの視聴覚メディアを活用することによって，生活が快適になったという実感をもてることが必要になってくる。たとえば，電話などの通信メディアに関して考えてみると，携帯電話が急激に普及した背景には，どこからでも電話の発着信ができるという便利さや，内蔵の電話帳機能の充実により，少ない操作で目的の番号をダイヤルできるという操作の容易性，さらに，家族に一台や職場に一台というのでなく，個人に一台の番号を得ることによって，個人間のコミュニケーションをより快適にしたという要素が，大きく作用しているようである。

　すなわち，利便性・操作性の向上は，視聴覚メディアの発達にとっては不可欠の要素であり，さらに，人間の生活様式をより好ましい方向へ変える支援ができる視聴覚メディアが，今後も求められることになるだろう。

　このことと連動して，通信ネットワークの整備がますますすすむことが予想される。すでに，インターネットは，私たちの家庭と世界中のパソコンをつなぎつつある。従来の電話回線のデジタル化だけでなく，CATV（有線テレビ）のネットワークや，光ファイバーを利用したブロードバンドのネットワークが各家庭に引かれるようになってきている。さらに，衛星をステーションにした通信ネットワークも世界規模で整備されていくだろう。情報機器が，通信ネットワークの整備とともに，今後も発達していくことはほぼまちがいない。

　新しい情報機器やメディアを使用することにより，それまでは，予想もされなかったような問題が実際に起こってきて，それをまた解決するような機器やメディアの開発を求める動きが出てくる。それは単に技術が革新されるとか，機能が向上するとかというレベルの問題とは少し異なっており，人間側の問題

を視野に入れた発達でなければいけないことになる。

　コンピュータ関連機器については，すでに用語が英語優先で難解であること，キーボード入力になじめないこと，周辺機器との情報のやりとりがスムーズにいかない，などのことが指摘されている（井上，1999）。このような問題点の指摘は，いずれも新しい未来の情報機器や視聴覚メディアの発達の方向を占うのに有効な手がかりを与えてくれる。すでに，コンピュータ入力については，キーボード以外の多様な入力装置が開発されているし，音声による入力もある範囲の条件下では技術的には可能であり，その実用化に向けての研究がすすめられている。一方向の情報が欠点であるテレビ放送は，視聴者のニーズに合わせた番組を提供できるように，情報の双方向化や多チャンネル化がすすみつつある。そして，見たい情報，聞きたい情報をそのつど選択できるような環境整備もすでに現実のものとなってきている。

2　人間の情報処理と視聴覚メディアの接点

(1)人間の情報処理

　本書の第1部では，人間が，主として目や耳から入ってくる情報をどのように知覚し，理解し，状況や文脈*に合わせて適切な行動をとっていくのか，というような人間の認知行動の問題を取り上げている。次の章では，人間の記憶システムと知識の問題を扱うことになる。知識とは，私たち人間一人ひとりが頭のなかにもっている百科事典のようなものであり，おそらくは，意味的に類似性の高い概念が密接に連絡しあって貯蔵されているような，概念ネットワーク*のようなものを中心にして構成されている。たとえば，テレビのニュースを聞いて意味がわかるのも，地球儀の上で日本の位置を指させるのも，あるいは，文字が読めるのも，すべて知識があるからであり，われわれの認知活動の基本は知識を抜きにしては語れない。

　この認知心理学の扱う領域は非常に幅広く，記憶や知識のほかに，高次な機能にかかわる知覚や言語，思考，コミュニケーションなどの諸問題を研究対象としている。心理学がいわゆる「こころ」の問題を扱うだけではなく，「あたま」の問題も扱っていることは，すでに周知の事実であるが，認知心理学は，

とくにその後者を専門にしている学問領域であるといえば,理解されやすいかもしれない。

多鹿ら(1992)は認知心理学を定義する際に,「記憶や思考のような精神作用を情報処理アプローチによって科学的に分析し,個人の認知行動や社会行動の理解に寄与する学問である」という表現を用いている。この新しい心理学の領域は,ここ35年ほどで急速に発展し,この領域で研究している人たちの数も,この30年間で急速に増加したものと考えられる。

この認知心理学のもうひとつの大きな特徴は,人間が情報を処理していく過程を,コンピュータの情報処理にダブらせて把握しようとする点である。したがって,たとえば入力や出力という用語や,検索*や貯蔵といったことばが,どちらの領域でも使用されている。つまり,人間の「あたま」のなかの情報処理のしくみは,直接観察することができないブラックボックスと考えられるので,それを比喩的にコンピュータに見立てて(コンピュータ・アナロジー),情報処理の過程を明らかにしていこうとする姿勢が,暗黙のうちに採用されている(図1-1参照)。

本書の第2部においては,新しいメディアと生活の利便性について,また第3部では教育の効率を高めるメディア利用について議論しているが,それらは,人間の基本的な情報処理の話を抜きにしては論じられない。そのようなときに,認知心理学的な視点で物事をとらえること,認知心理学からの知見を応用することが求められるようになる。

たとえば,外国語の教材としては,どのような視聴覚メディアが学習を効率よく支援できるのかという問題においては,私たちが,人間にとって言語の習

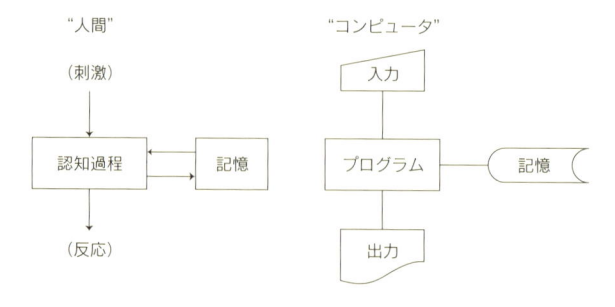

図1-1 人間とコンピュータの情報処理のアナロジー

得過程がどのようなものであるのかを理解していないと，適切にこたえることはできない。電化製品の使用説明書をわかりやすく書くためには，人間の記憶や学習過程を知っていないとむずかしい。とりわけ対象者が高齢者や年少の子どもたち，障害をもった人たちや使用されている言語に堪能でない人たちである場合には，どのような視聴覚メディアを活用すべきであるかという問題とともに，どのような種類の情報を提示すべきなのかという問題も出てくることになる。

(2) 人間に理解されやすい情報とは

　一般にコミュニケーションにとって大切なことは，送り手の意図が正確に受け手に伝わることである。人間は，同じことばを使っていても，それぞれ異なる意味として理解している場合も少なくないので，受け手がわかったと思っても，情報が歪められていたり，大きな誤解が生じる可能性もある。伝えられるメッセージが複雑になればなるほど，その可能性も大きくなっていく。

　できるだけコミュニケーションを正確なものにするためには，ひとつには，メッセージとして用いる情報をある程度冗長にしておくことが考えられる。たとえば，ひとつの表現だけでなく，異なる表現で同じことを表わしてみる，あるいは，ことばで表現するだけでなく絵などの視覚イメージ情報を併用するというのも，情報を冗長なものにするひとつの例である。さらに，誤解が生じないように，このようなことを言っているのではないということを断っておく必要があるときもある。

　図1-2は，「女の人が野菜を洗う」場面と「女の子が手を洗う」場面を，それぞれ具体的な線画で表現したものである。文字どおりの「洗う」ということばに限ってみても，「皿を洗う」「車を洗う」「顔を洗う」など，体の動きに着目するとかなり異なった種類の動作を，「洗う」というひとつの動詞で表現していることに気づく。「水や湯，あるいは薬品や洗剤を使って，汚れを落とすこと」という辞書的な定義は，なんとなくわかっていても，具体的にどのような行動として理解すればよいのかについては，ことばの前後関係やそのできごとが起こった文脈，状況などがわかっていないと，「洗う」ということばで表現された特定の状況を具体的にイメージすることはむずかしい。

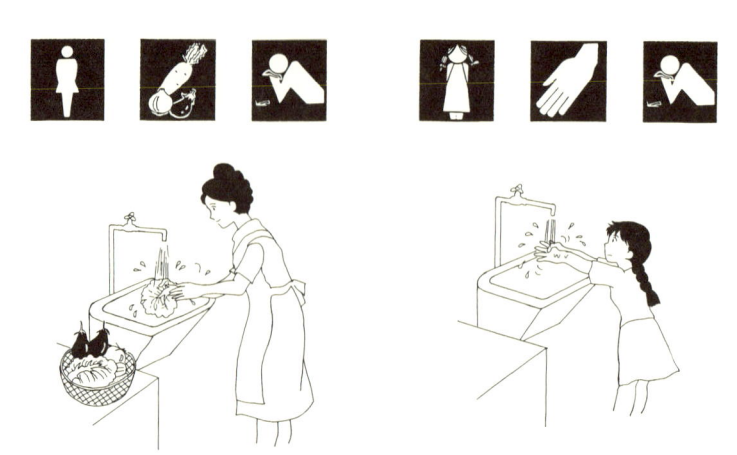

図1-2 「野菜を洗う」と「手を洗う」という2つの場面を表現した線画（藤澤・林・井上, 1998）
「洗う」という概念を具体的に表現してみると、いくつものバラエティがあることがわかる。それぞれの線画の上には、日本語の語順にあわせた絵単語での表現も併記されている。

　もしかすると、「野菜を洗う」場所と「手を洗う」場所は違うところであるかもしれないし、「野菜を洗っている」といっても、「ナスを洗う」ときと「キャベツを洗う」ときでは、その洗い方に多少の違いがある。しかし、何もかも言語やシンボルで伝達することはむずかしいので、細かな状況や具体的なようすは切り捨て、その核心的な部分のみをメッセージにのせて送ることになる。
　図1-2では、上の部分にそれぞれのできごとを3つの絵単語で表現したものを貼り付けている。ここでの「洗う」という絵単語は、いずれも「顔を洗う」絵で代表されているので、「洗う」ということばを本当に理解しようとすれば、「顔を洗う」動作だけが「洗う」という行動を示しているのではなく、そうでない例もあるのだということがわかっていないといけないことになる。とくに言語発達が低い段階にある子どもたちや、日本語があまりよく理解できていない人たちには、言語指導の段階で、抽象的な言語やシンボルを使うだけでなく、抽象度の低い視覚イメージ情報を活用して、具体的に感じ取れるメッセージを用意する必要がある（藤澤・林・井上, 1998；井上, 1998参照）。

(3) 画像情報と音声情報が理解に与える影響

　文字情報だけではうまく伝わらないものでも，視覚イメージ情報を適切に活用すると理解が促進されることは，これまでみてきたとおりである。次に，画像情報と音声情報を組み合わせた場合の人間の情報の理解は，どのような特徴をもっているのかをみていくことにする。情報が多ければ多いほど，人間の理解は促進されるといえるのであろうか。ここでその答えを述べるとすると，それは状況や活動の目的によるということになる。

　アメリカの視聴覚教育の専門家デール（Dale, 1969）は，映画やビデオの教育効果について，すでに1960年代に詳しく述べている。彼の考え方は，図1-3に示す「経験の円錐形」から読み取ることができる。それによると，学習者が教育メディアを通して得ることのできる経験は，抽象的なものから具体的なものまで11段階あり，かなり具体的な映像といえども，学習者にとってはそれほど身近に感じることができないものであり，円錐形の一番下に位置している「直接的な目的的体験」には及ばないことになる。

　学校のカリキュラムのなかでも，抽象的な情報だけで学習できる一部の内容は，テキストと教師の説明を中心にした従来からの教育方法で伝達されるかもしれないが，身体で覚える必要のある内容については，この円錐の下の部分の経験が必要とされることになる。たとえば，音楽の時間にいろいろな楽器の音色を実際に聞いたり，理科の時間に化学薬品

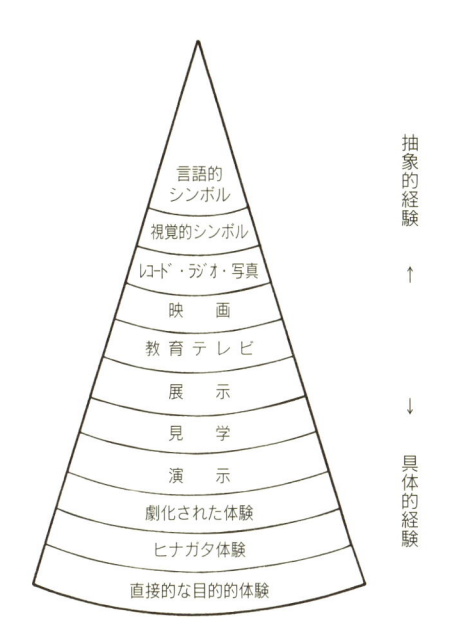

図1-3　視聴覚教育の専門家デールの「経験の円錐形」
（井上ら，1993）

　ここでは，上のほうに示された抽象的な経験から下のほうに示された具体的な経験が序列化されている。コンピュータ上のシミュレーションやマルチメディアの学習における疑似体験などは，かなり具体的な経験だと考えることができる。

（円錐形の中、上から下へ：言語的シンボル／視覚的シンボル／レコード・ラジオ・写真／映画／教育テレビ／展示／見学／演示／劇化された体験／ヒナガタ体験／直接的な目的的体験）

抽象的経験　↑　↓　具体的経験

の反応の実験を見たり，体育の時間にダンスの振り付けのモデルを見たりすることは，「経験の円錐形」のなかの「演示」に相当する。その後で，子どもたちに見ているだけではなく，その行為をすることを求めれば，さらに，具体的な経験を学習場面に導入することになる。

実際には，実験やさまざまな演示がむずかしい場合に，コンピュータで実験のシミュレーションを行なったり，ビデオやマルチメディア型のコンピュータなどで，音や映像を視聴することになる。このときに，単に学習者が映像や音楽を受け身的に視聴しているとすると，それは，デールの円錐形では，上のほうに示されたより抽象的な段階の経験ということになる。しかし，コンピュータ上のシミュレーションやデモンストレーション時において，学習者が各変数を操作したり，自ら選択肢を選んで，能動的にかかわったとすると，より具体的な経験をしたものと考えることができる。デールは，このような疑似体験については，十分議論していないので，今後そのような学習経験をどこに位置づけていくのかは，ひとつの課題であるといえる。

同様の例としては，たとえば，外国語の習得時にマルチメディア型のコンピュータ・ソフトを使って，コンピュータ画面にでてくる相手と会話をするような学習場面が考えられる。外国語のコミュニケーション能力は，抽象的な規則や単語を記憶するだけではなかなか身につかないことが知られている（井上，1995）。すなわち，コミュニケーション能力*を向上させるためには，現実に近い場面での会話の練習などが役に立つと考えられる。そこで，上のような学習をしたとすると，それは「劇化された（疑似）体験」を学習者が経験していることになり，単に受け身的に映像を見ている場合にくらべて，経験としては具体的であり，一般的には高い学習効果が期待できることになる。外国語学習時のロールプレイなどは，その一例であると考えられる。

3 教育活動と学習者の認知過程

(1)**教育におけるプレゼンテーション**

学習者が学習した成果を発表したり，研究調査した内容を報告したりする学習形態は，総合的な学習*の時間などでよく用いられるようになってきている。

そのようなことに呼応する形で，教師が自ら作成した教材や，子どもたちに伝えたいメッセージを一連のスライドの形にして提示するなどのことも，教育場面でも今後ますます増えていくことが予想される。

プレゼンテーションとは，与えられた時間のなかで情報をわかりやすく相手に伝え，理解させ納得させることを目的とした行為である。情報を相手に伝達すためには，いわゆる情報リテラシーが必要となる。また相手に理解させ納得させようとすると，コミュニケーション能力の向上が求められる。

したがって，プレゼンテーション能力のなかには，創造して表現する力のほかに，必要な情報を主体的に収集し，その価値を判断し，聞く側の状況などを考慮して伝達できる能力が必要となる。また，聞く側の理解を促進させるために，写真やイラストなどの適切な視覚イメージ情報を用いたり，キーワードや要点をことばで明示したりするなど，音声言語以外の情報への配慮が不可欠である。

図1-4は，プレゼンテーションの評価の基準の一例を示している。聞く側がこの評価基準に沿って発表を評価することを，あらかじめ発表者に伝えておくことによって，プレゼンテーションをするにあたって，どのようなことに留意しないといけないか，あるいは，プレゼンテーションに求められることは何なのかを意識することが可能である。発表を聞き終わって質疑もせず，拍手するだけの形式的な発表では，発表する側も聞く側もむだに時間を過ごすことにな

グループ発表評価表

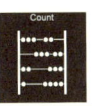

Group	発表テーマ	表現力	視覚化	文字情報	独自性	説得力	総合点
≪評価の着眼点≫→		内容がよく理解できるように表現されているか？ 伝達の意図が明確か？	意味のある視覚化がなされているか？ イメージ情報は適切か？	文字のフォントや色が適切か？ ダラダラとした記述がないか？	情報にオリジナリティがあるか？ また引用の仕方が適切か？	最後まで興味を持続させたか？ また発表内容に説得力があったか？	各項目ごとに○は2点，△は1点，×は0点，合計点10点満点で算出
A	教育特区の可能性						
B	ゆとり教育の是非						
C	現行の教育基本法						
D	障害児の統合教育						

図1-4　プレゼンテーションの評価基準の例

りかねない。

(2) 言語理解と記憶の負荷を小さくする工夫

　プレゼンテーションにしろ，通常の教授活動にしろ，効果的に伝達しようとすると，言語情報に過度に依存するのではなく，その言語情報の理解を助けるような工夫が必要である（ワイルマン・井上・北神・藤田，2002）。とりわけ長い説明を要する複雑な話をするときには，①抽象的な言語の説明を具体的な視覚イメージ情報などに置き換える工夫，②5つ以内の項目にして要点をまとめる工夫，③時系列をともなう内容には数字でその順序を示す工夫などが効果的である。これらの工夫は，いずれも認知心理学で明らかにされてきている人間の記憶や認知に関する知見のなかに，その根拠を見いだすことができる。

　たとえば，私たち人間がさまざまな知的な活動をするときに必要なワーキングメモリには，明らかに記憶容量が存在する。したがって，情報を提示する側が理解する側の記憶容量を考慮しないで，次から次へと情報を送り続けると，すでに受け取った情報を整理のできない聞き手は，その話の内容を理解できないまま，次の話を聞かされることになる。

　継時的に処理することが必要な聴覚情報とは違って，写真やイラスト，図表などの視覚イメージ情報はその全体像を一度に提示することが可能である。したがって，理解する側は，必要に応じて自分のペースで，それらの情報に解釈を与えていくことが可能である。また，言語情報に対応する視覚イメージ情報が，その場で利用可能であれば，聞き手は抽象的な言語刺激を具体的な事物に置き換えて理解することが可能になる。

　このように視覚イメージ情報は，記憶負荷を軽減するだけでなく，理解を促進させる作用をもつ。話を聞くことや本を読むことは，受け身の活動のように思われることがあるが，認知心理学的には，入力される刺激に対して，すでにもっている記憶の内容と照合しながら，自らが解釈を与えていく，非常に能動的な活動にほかならない。

　図1-5は，人間が言語情報を理解しようとするときに，記憶のなかで，どのような認知活動をしているのかを図示したものである。目や耳から入力される言語情報は文章そのままの状態ではなく，比較的単純な複数の命題として一時

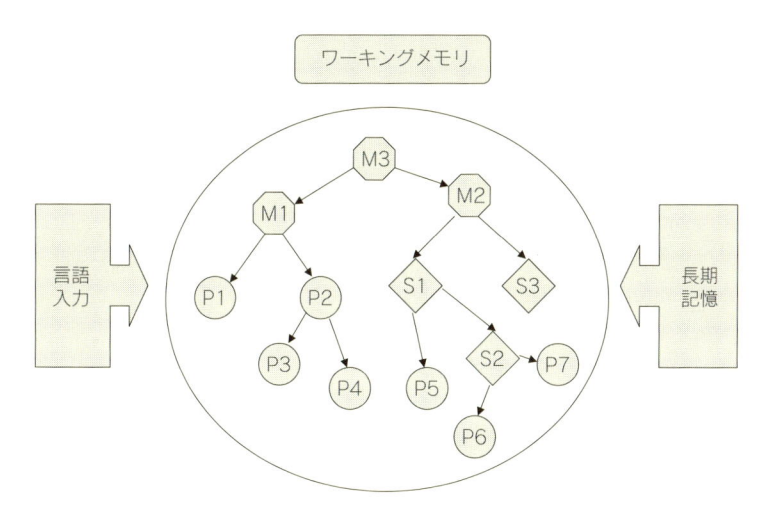

図1-5　言語情報の理解と記憶に関する状況モデル（Kellogg, 2003より作成）

的にワーキングメモリのなかで保持される。図のなかで，「P1」，「P2」などと表現されているのは，テキストから得られた命題だとしておく。

一方，それらの命題やその前後関係などの文脈の情報などから，状況モデルとよばれるテキストにある命題を，その一部として説明することが可能なモデルが構築される。この状況モデルは，テキストの内容から得られるのではなく，通常は，長期記憶のなかに貯蔵されている知識とみなされるような意味記憶によって活性化される。

図1-5のなかで「S1」，「S2」で表現されているものは，状況モデルから得られた命題である。さらに，すべての命題を包括できるようなより高次な命題は，マクロ命題*とよばれ，図では「M1」，「M2」などで表現されている。このマクロ命題こそが，すべての命題をまとめて要約する機能を担うことになる。

言語情報の理解には，単に入力されるテキストの内容を正確に記憶しているかではなく，そこには明示されていない，しかし関連のある既存の知識の一部を，いかにうまく動員できるかにかかっていると考えられる。たとえば，「初詣に行って大吉を当てた」というような文を理解しようとすると，「だれかが神社か寺に行った」，「その人はそこでおみくじを引いた」，「おみくじの結果は

よいものであった」「出かけたのは正月三が日のいずれかである」などの命題が，いずれも「初詣に行って大吉を当てた」という文を理解する過程で活性化されることになる。しかし，これらの情報は，言語情報のテキスト部分から理解されるのではなく，「おみくじスキーマ」，「初詣スクリプト」ともよべる意味記憶に貯蔵されている記憶内部から生成されるものである。この図に示すモデルでは，それらの命題もまたワーキングメモリのなかに一時的に保持されて，文理解という活動に貢献すると考えられる。

　前述のとおり，ワーキングメモリには容量に制限があるため，命題の数があまりにも多くなり，その容量を超えてしまうと，その作業（ここでは言語理解）がうまく機能しなくなる。そこで役立つのが，視覚イメージ情報であり，たとえば，上記のようなケースでは，「おみくじ」のイラストや「参拝者でにぎわう神社」の写真などの視覚イメージ情報を用いることは，その言語理解を助けるくふうとして有効なものであるといえる。すなわち，すでに聞き手がもっている知識を有効に動員できるように，伝えようとしている情報に関連のある既知の情報を活性化できるような視覚イメージ情報は，とくにその効果を発揮すると考えられる。

【引用文献】

Dale，E. 1969 *Audiovisual methods in teaching*．(3rd ed.) Holt.
藤澤和子・林　文博・井上智義　1998　視覚シンボルによるコミュニケーション：日本版PIC絵カード集　ブレーン出版
井上智義　1995　生活のなかで習得する言語　村井潤一（編）　障害児臨床と発達研究　コレール社
井上智義　1998　外国人児童への言語指導：非言語情報重視の環境設定　教育文化，7，93-106．
井上智義（編）　1999　視聴覚メディアと教育方法：認知心理学とコンピュータ科学の応用実践のために　北大路書房
井上智義・広瀬雄彦・清水寛之　1993　教育工学：認知心理学からのアプローチ　サイテック
Kellogg, R.T.　2003　*Cognitive Psychology*. Sage Publications, Inc.
多鹿秀継・川口　潤・池上知子・山　祐嗣　1992　情報処理の心理学：認知心理学入門　サイエンス社
ワイルマン，R.E.・井上智義・北神慎司・藤田哲也　2002　ビジュアル・コミュニケーション：効果的な視覚プレゼンの技法　北大路書房

2章 記憶システムと知識

翔太：愛って，歴史の年号とか覚えるの，
　　　得意だよなー。
愛：まぁね。翔太だって，スノボとか，
　　車の運転とか，すぐ覚えるじゃない。
　　いろんな人がいて，いいんじゃない？
翔太：そりゃ，そうだけどよォー。
　　　オレ，もうすぐ就職セミナー，
　　　始まるじゃん。
愛：それで？
翔太：一般教養の試験って，けっこうむずかし
　　　いみたいでよォ。
　　　何か，覚えるコツってあったら，
　　　教えてくんない？
愛：それより，その話し方，どうにかしない
　　　と，面接で落ちちゃうよ。

（両立はムズカシイ…）

1　人間の情報処理と記憶

　日常生活を過ごしているなかで，記憶のはたらきを意識する機会はあまり多くはない。せいぜい，試験の前にいろいろな事項を覚えねばならない場合や，知り合いと出会ったのにその人の名前を思い出せないときなどに，自分の記憶力について考えてみることがある程度である。しかしながら，私たちの日常行動は，そのほとんどすべてが記憶によって支えられているのである。たとえば，本を読むときには，記憶として私たちがもっている文字の知識が使われており，さらに，単語の意味の知識が用いられて，はじめて文の意味が理解される。友人と待ち合わせをする場合には，その約束そのものが記憶されていることが必

要であり，また，待ち合わせの場所へ行くのに，場所に関する地図的な知識が用いられる。もしこうした記憶のはたら働きが正常に機能しなくなれば，日常行動には重大な支障が生じることになるのである。

さて，記憶は，記銘，保持，想起という3つの操作から成り立つ過程である。記銘は「覚える」ことであり，保持は覚えた内容を「覚え続ける」ことであり，想起は覚えた内容を「思い出す」ことである。この3つの操作がうまくはたらくことによって，人間は情報を記憶することができる。

現在の認知心理学においては，人間の記憶過程は情報処理の考え方に基づいて説明される。自分が見聞きし経験した事象は，外界から入力された情報とみなされる。その入力された情報は，記憶のための適切な形式に変換されて（符号化）貯蔵される。貯蔵された情報は，必要なときにみつけて取り出され（検索），利用されるのである（図2-1）。

図2-1 記憶の過程（井上，1997）

2 記憶の情報処理モデル

認知心理学では人間を一種の情報処理システムと考えており，人間の記憶過程もこの情報処理の考え方に基づいてモデル化されている。それによると人間の記憶は，感覚記憶，短期記憶，長期記憶の3つの記憶システムに区分される（図2-2）。

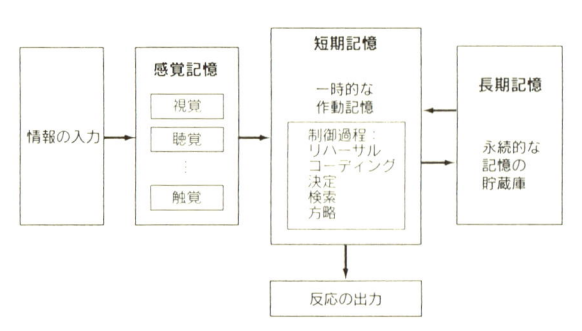

図2-2 記憶の情報処理モデル
（Atkinson & Shiffrin, 1971を一部改変）

感覚記憶は，外界から感覚器官を通して入力された情報が，そのままの形でごく短い時間だけ（視覚情報：1秒以内，聴覚情報：数秒以内）保持されるところである。感覚記憶からは，必要な情報がパターン認知を受けたあとに，短期記憶に転送される。短期記憶では，情報は数秒から数十秒程度保持されるが，さらに長期の保持が必要とされる情報は，長期記憶に転送される。長期記憶に貯蔵された情報は，半永久的に保持されるが，必要になった情報は，検索されて，再び短期記憶に送られる。

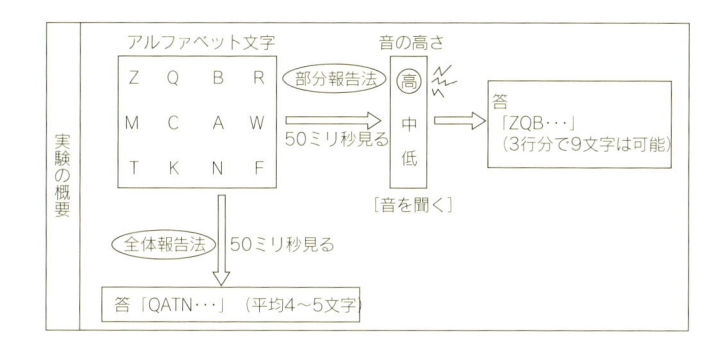

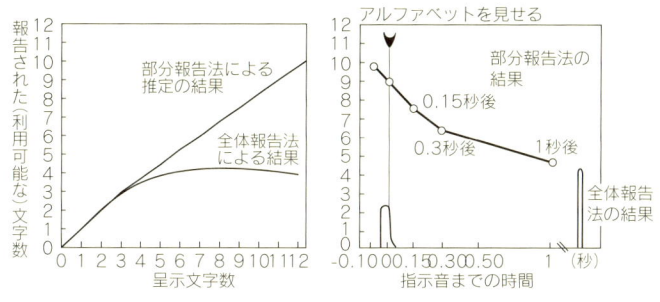

図2-3　スパーリング（1960）の実験（石王，1997）

　アルファベット文字を上，中，下の3行に配列した刺激（上段図）を，実験参加者に50ミリ秒（0.05秒）のあいだ呈示し，見えた文字すべてを報告するように求めた（全体報告法）。その結果，呈示直後に正しく報告された文字数は平均4～5文字であった。一方，同様の刺激を50ミリ秒間呈示した直後に，3種類の高さの異なる音の1つをランダムに聞かせて，高い音の場合は上の行の文字を報告するというように，3行のうちのどれか1行の文字だけの報告を求めたら（部分報告法），どの行の場合も平均約3文字が報告された。この場合，報告すべき行の指定はランダムになされるので，計算上は全体で約9文字が報告可能であったと推定される（下段左図）。この部分報告法による推定利用可能文字数と全体報告法による報告文字数との差は，1字ずつ報告しているあいだに急速に消失されるような，一時的な情報の貯蔵機構の存在を示すものと考えられるのである。

　アイコニック・メモリーにおける情報の保持時間について検討するために，スパーリング（Sperling，1960）は，アルファベット文字の刺激を呈示したあと，音を呈示するまでの時間をいろいろと変化させて部分報告法の実験を行なっている。その結果，刺激呈示から音の呈示までの時間が長くなるにつれて報告可能文字数は減少し，音の呈示が1秒後のときには，全体報告法のときの報告文字数と同程度になったことから（下段右図），アイコニック・メモリーの持続時間は約1秒以内であるといわれている。

　なお，アイコニック・メモリーに保持される情報の性質に関しても，スパーリング（1960）は検討を行なっている。部分報告法の実験において，アルファベット文字と数字が半数ずつ含まれた刺激を用い，音によって指示されるところの報告すべき刺激の限定が，前述のような行の指定の場合と，アルファベット文字だけか数字だけかという文字の種類の限定の場合との，2つの条件での部分報告法の優位性（全体報告法での報告数にくらべて報告可能文字数がどれほど多いか）を比較した。その結果，報告すべき文字の種類を限定しても，部分報告法の優位性は認められなかったことから，アイコニック・メモリーに情報がある段階ではアルファベットと数字の区別はなされていなく，アイコニック・メモリーに保持される情報にはまだ意味的処理がなされていないと考えられている。

(1) 感覚記憶

　私たちの周囲にあるさまざまな情報は，目や耳などの感覚器官を通じて生体内に取り込まれる。この生体内に入った情報をごく短い時間だけ保持していると考えられるのが感覚記憶である。人間は，視覚，聴覚，触覚，味覚，嗅覚という5種類の感覚をもっており，それぞれの感覚様相ごとに感覚記憶が想定されるが，実際に研究がすすんでいるのは，視覚情報に対する感覚記憶と聴覚情報に対する感覚記憶である。

　視覚情報の感覚記憶は，視覚情報貯蔵（VIS）とかアイコニック・メモリー*とよばれている。スパーリング（Sperling, 1960）の研究によれば，アイコニック・メモリーに情報が保持される時間は1秒以内であり，その保持される情報の性質としてはまだ意味的処理がなされていないと考えられる（図2-3）。

(2) パターン認知

　目に入った情報は，いったんすべてアイコニック・メモリーに保持されるが，そのうちのほとんどの情報はすぐに失われてしまい，ごく一部の必要とされる情報のみが引き続き処理を受けて，短期記憶へ送られることになる。その際になされる処理過程として，パターン認知とよばれるものがある。

　パターン認知は，外界から与えられた刺激パターンに対して意味が付与され，記憶のなかに貯蔵されている概念のうちのいずれかに対応づける，という過程である。たとえば，"A"という視覚パターンに対して，「A」というアルファベット文字であると認識できるのが，このパターン認知のはたらきなのである。

　パターン認知に関しては，さまざまなモデルが考えられており，鋳型照合モデル（図2-4）や特徴分析モデル（図2-5）などがある。これらのモデルは，いずれも入力された刺激からの情報のみに基づいて処理がすすむ，ボトムアップ*型のモデルである。しかしながら，パターン認知には，私たちのもつ知識がもっと積極的にかかわって処理がなされている可能性も考えられるため（図2-6），知識が処理に強く関与する，トップダウン*型の処理をも含んだモデルを考えていく必要がある。

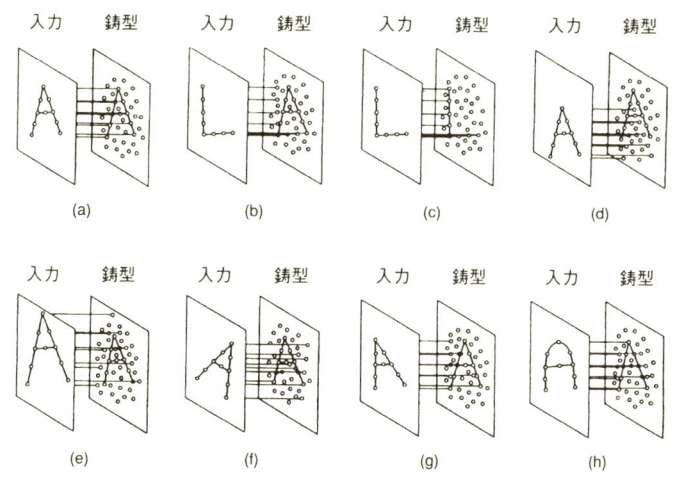

図2-4　鋳型の比較照合の例（Neisser, 1967）　　　Anderson, 1995より引用

(a)と(c)は成功した場合で, (b)と(d)から(h)は失敗の例である。

　鋳型照合モデルでは，人間が認知するあらゆる刺激に対して，その刺激の全体的パターンに関する情報（鋳型）が長期記憶のなかに貯蔵されていると考えている。そして，入力された情報のパターンと，記憶のなかにあるさまざまな鋳型との比較照合がなされ，最もうまく合った鋳型と結びついている記憶情報が認知された内容となる。

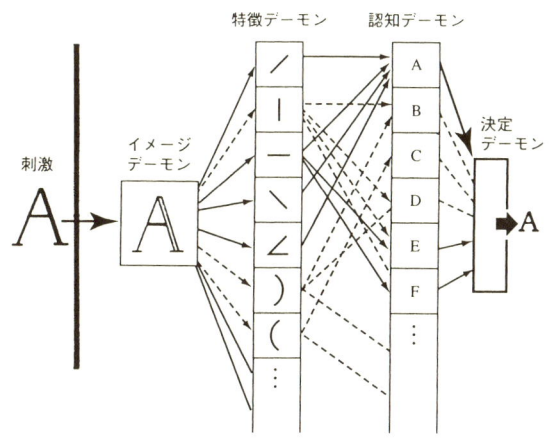

図2-5　セルフリッジのパンデモニアム・モデルの概要（Klatzky, 1980）

　特徴分析モデルでは，認知すべき刺激に対応して長期記憶に保持されている情報が，刺激のパターンがもつさまざまな特徴のリストの情報であると考えている。そして，入力された情報のパターンに対して，どのような特徴によって構成されているのかが調べられ，次にその結果が記憶のなかに保持されている種々の特徴のリストとの比較照合がなされ，最もうまく合致する特徴リストをもった記憶情報が認知された内容となる。

THE CAT

図2-6 文脈の影響の例（Selfridge, 1955）

Anderson, 1995より引用

左側の刺激は「THE」と読めるし，右側の刺激は「CAT」と読めるが，左右の刺激の3文字の真ん中の文字は，まったく同じものである。このあいまいな刺激は，両隣の文字の認知結果と長期記憶中の単語の知識とが，その刺激の認知に影響を与えたために，左側では「H」，右側では「A」と認知されたのだと考えられる。

(3)短期記憶

パターン認知のなされた情報は，短期記憶に保持される。短期記憶に保持されている情報は，いつも意識化された状態にあると考えられる。また，短期記憶に入力された情報は，とくに何も操作が加えられない限り，数秒から30秒程度しか保持されない（図2-7）。ただし，保持されている情報をくり返すという操作を続ければ（声に出しても，心のなかだけでくり返してもよい），その操作を続けている限りその情報は失われない。このような情報をくり返すという操作はリハーサルとよばれるが，とくに短期記憶に情報を保持するための，情報を復唱するだけのリハーサルは，維持リハーサルとよばれる。

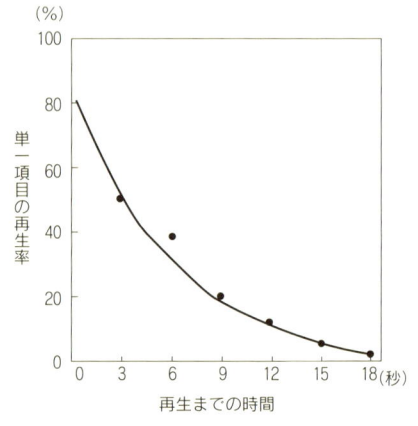

図2-7 短期記憶における保持時間と再生率の関係を調べた実験の結果
（Peterson & Peterson, 1959）

3つの子音（GKBなど）を2秒間呈示して読ませ，その後一定の時間だけ計算課題をやらせたあとに，その3つの子音を再生させるという実験の結果より，短期記憶に保持された情報は，復唱するという操作（リハーサル）を行なわないときには，急速に失われてしまうことが明らかである。

短期記憶に一度に保持できる情報の量には限度があり，ほぼ7±2項目といわれている（Miller, 1956）。この7という限度は，単に7個というのではなくて，情報の意味のあるまとまり（これはチャンクとよばれる）が7つということである。

なお，最近の研究からは，日常の活動を積極的に支えている短期記憶の役割に注目して，作動記憶*という概念が用いられることがある。

(4) 短期記憶から長期記憶への情報の転送

短期記憶に保持された情報のうち，必要なものだけが，長期に保存するために長期記憶に送られ，その他の情報は，短期記憶から消失してしまう。長期記憶に情報を送るためには，精緻化リハーサルとよばれる操作が必要となる。精緻化リハーサルは，情報を単に復唱するだけではなくて，情報のイメージ化や連想*を行なったり，情報を意味的に関連づけたりする操作を含むものである。意味的処理を含むこのような操作によって，情報を長期記憶の構造のなかにしっかりと組み込むことができるのである。

これまでの研究から，長期記憶に情報をうまく貯蔵するのにかかわる要因として，①処理の深さ，②体制化，③精緻化，④生成効果，の4つのものが指摘されている。①処理の深さは，情報を覚えるときに行なわれる処理の水準が深いものほど記憶の成績がよくなるというものである。②体制化は，情報を覚えるときに，関連のある情報をまとめて整理した形で覚えると，記憶の成績がよくなるというものである。③精緻化は，覚えるべき材料に対して，なんらかの情報を付け加えて，もっと覚えやすくする方法である。単語のリストの記憶の際に，単語と単語を関連させる文や物語を作ったり，単語の意味するもののイメージを思い浮かべたり，各語の連想するものを思い浮かべたりするのが，そのやり方である。④生成効果は，覚えるべき材料そのものを自らが生成することによって，単にその材料を見ただけの場合よりも，記憶成績がよくなるという現象である。

(5) 長期記憶

長期記憶には，非常に多くの情報が保持でき，貯蔵量にはほとんど限界はないと考えられている。また，長期記憶に貯蔵された情報は，ほぼ半永久的に保持されると思われている。ただし，情報自体は保持されていても，それをうまくみつけて取り出すことができなければ，結果としては思い出すことができないわけであり，このような場合も忘却のひとつの原因と考えられている。

長期記憶に保持される情報は、おもに意味的情報の形式で表わされる場合が多く、うまく整理された形で貯蔵されている。ここに貯蔵されている情報は、ふだんは意識されることはなく、必要に応じて、検索されて短期記憶に転送され、思い出されるのである。

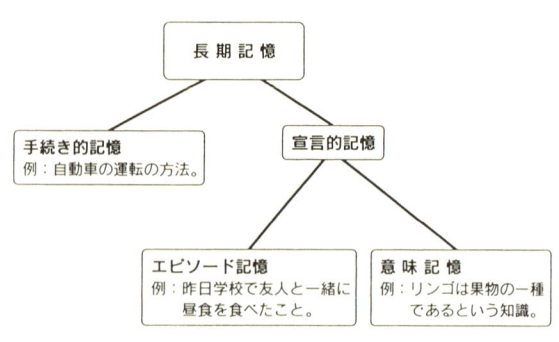

図2-8　長期記憶の区分（井上，1997）

長期記憶は、保持する情報の内容によって、手続き的記憶*と宣言的記憶*に区分され、さらに宣言的記憶は、エピソード記憶*と意味記憶*に区分される（図2-8）。手続き的記憶は、自動車の運転のしかたなどのような、何かを行なう手続きに関する情報を保持するものである。一方、宣言的記憶は、言葉によって記述できるような事実に関する情報を保持するものであり、「いつ」「どこで」という情報をともなうできごとに関する記憶であるエピソード記憶と、一般的知識の記憶である意味記憶から成り立っている。

3　画像的記憶とイメージ

(1) 画像的記憶

私たちは、日常生活において、さまざまな光景や場面を目にしているが、この光景や場面のような視覚的刺激の記憶は、画像的記憶とよばれる。

画像的記憶は、一般に、大きな容量をもっていて、また持続時間も長いといわれる。たとえば、シェパード（Shepard, 1967）は、日常的な事物の写真612枚を1枚ずつ実験参加者に呈示して学習させたあと、そのうちの68枚の写真を取り出し、それぞれの写真1枚ずつを未学習の新しい写真1枚と対にして実験参加者に呈示して、どちらが以前に見た写真なのかを判断する強制選択の再認テスト*を行なった。その結果、学習系列を見た1週間後の再認テストで、ターゲットの正答率は87％という高い成績を示したのである。

このような画像の記憶の成績に影響を及ぼす要因としては，まず画像刺激の呈示時間があげられる。カラー写真からなる刺激系列を学習して直後に再認テストを行なった，ポッターとレビー（Potter & Levy, 1969）の研究結果から，呈示時間が長くなるほど十分な情報を取り入れることが可能になるので記憶もしっかりとしたものになり，2秒もあれば安定した画像的記憶が得られることが明らかになっている（図2-9）。

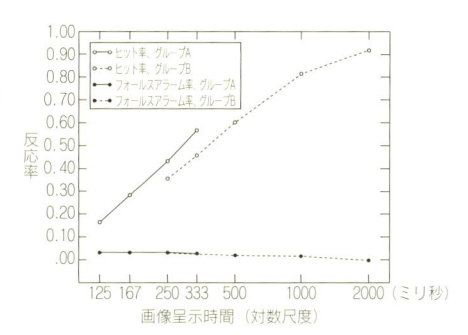

次に，画像の細部に関する情報は，記憶成績にかかわりがあるのだろうか。ネルソンら（Nelson et al., 1974）の研究（図2-10, 2-11）によると，画像的刺激の詳細さの程度は記憶成績に影響を及ぼさないことが示されており，画像的記憶として貯蔵されている情報の詳細さの水準はあまり高いものではないと考えられる（Gregg, 1986）。また，画像的刺激の詳細に関する記憶はあまりすぐれていないということは，ニッカーソンとアダムス（Nickerson & Adams, 1979）の研究からも明らかになっており（図2-12），日常よく目にしているものであっても，

図2-9 学習時の画像刺激の呈示時間が再認テストの成績に及ぼす影響（Potter & Levy, 1969）

図2-10 ネルソンらの実験で用いられた刺激の4タイプの例（Nelson et al., 1974）
(a)写真，(b)写真の主題の言語的記述，(c)写真の主題を線画で表わしたもの，(d)写真の主題を線画で表わしたものに主題以外の細部情報を付加したもの，の4つのタイプの刺激に対する記憶成績を比較した。

必ずしも細部にわたる情報を記憶しているわけではない，ということが示されている。

アンダーソン（Anderson, 1995）は，画像的記憶として覚えているものは正確な画像そのものではなくて，画像に対するなんらかの解釈が記憶されているのだと述べ，画像の意味と物理的な画像を区別するのが有益だと主張している。このような主張は，たとえばマンドラーとジョンソン（Mandler & Johnson, 1976）の実験結果（図2-13）によって裏づけられる。

画像的情報の記憶に関する代表的な理論として，ペイビオ（Paivio, 1971, 1986）の二重符号化*説（dual-coding theory）がある。この理論は，言語的情報と非言語的情報とが異なった形で記憶されていると考えている。すなわち，記憶システムは，基本的には独立であ

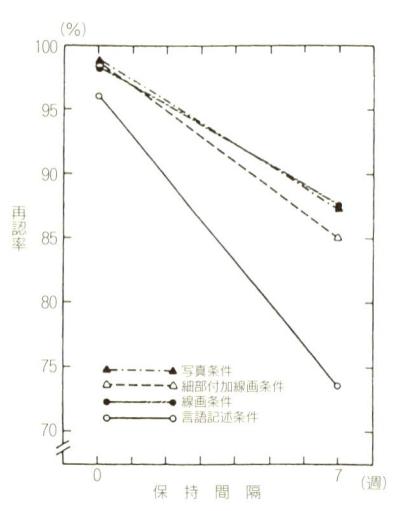

図2-11 保持期間と刺激タイプ別にみた正再認率（Nelson et al., 1974）
学習時の7分後（直後再認）と7週間後（遅延再認）のいずれにおいても，言語記述条件のみが他の3条件よりも正答率が低く，他の3条件間には有意差が認められなかった。

図2-12 1セント硬貨の模様を実験参加者が再生した結果の例（Nickerson & Adams, 1979）
アメリカ合衆国の成人20名に，合衆国1セント硬貨の表と裏の両方の面の絵を書くように求めた結果，各面4つずつ計8個の特徴のうち，再生されて正しい位置に描かれたものは約3個にすぎなかった。また，再生された特徴のうち，半分近くは描かれた位置がまちがっていた。

(a)

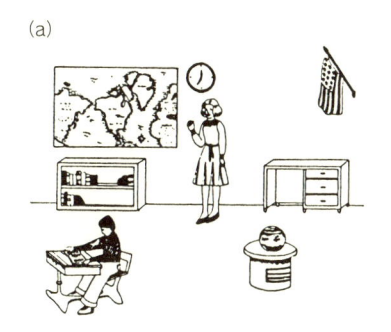

(b)

(c)

10種類の光景の絵((a):教室の光景など)を順次実験参加者に呈示して学習させたあと,再認テストを行なった。再認テストでは,学習時に見た刺激(ターゲット刺激)のほかに,ターゲット刺激の絵の意味にあまり重要ではない部分の一部だけを変えたもの((b):先生のスカートの模様だけが変わっている)や,絵の意味にかなり重要な部分の一部を変えたもの((c):先生が教えるのに使っている世界地図が美術画に変わっている)がディストラクター刺激として含まれていた。実験の結果,ターゲット刺激の71%が学習時に見たものだと判断されたが,絵の意味に重要な部分の変更があったディストラクター刺激では,見ていないと判断されたのが67%であったのに対して,絵の意味にあまり重要ではない部分の変更があったものでは,見ていないと判断されたのは46%にすぎなかった。このような結果は,実験参加者が絵の意味に関連する変化には敏感であることを示している。

図2-13 マンドラーらが用いた実験刺激の例(Mandler & Johnson, 1976)

るが,相互の結合も存在するような2つのサブシステム,言語的システムと非言語的システム,から成り立つと考えている。

(2)**イメージ**

　私たちは,現実世界のさまざまな光景を,心のなかに絵のように思い描くことができる。この"心的な絵"は,イメージとよばれ,その特性に関してさまざまな研究が行なわれてきている。

　イメージに関する代表的な実験心理学的研究のひとつは,心的回転(mental rotation)の研究である(図2-14, 2-15)。そのような研究の結果は,実験参加者が,一方の物体のイメージを作って,それを心のなかで回転し,他方の物体のイメージとうまく一致するのかどうかを判断している可能性を示すものと考

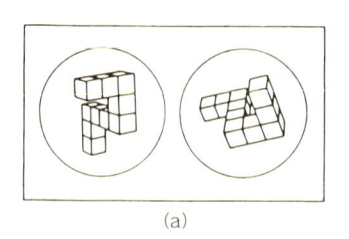

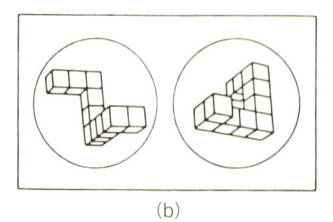

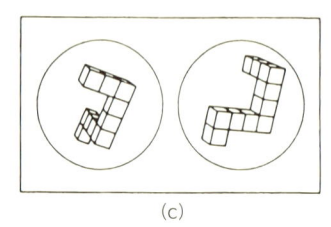

図2-14　心的回転の実験で用いられた刺激の例
(Shepard & Metzler, 1971)

シェパードとメッツラー（1971）は，立方体を組み合わせて作った3次元物体を2次元的に表わした図を2つずつ対にして，実験参加者に呈示した。実験参加者の行なう課題は，2つの刺激物体を回転させて，同一のものかどうかを判断することであり，その判断がなされるまでの反応時間が測定された。試行の半分は物体を回転させれば一致する場合であり，残りの半分は回転させても一致しない場合であった。(a)は物体を表わした平面上での回転で一致する例，(b)は奥行き方向への回転で一致する例，(c)は一致しない例である。

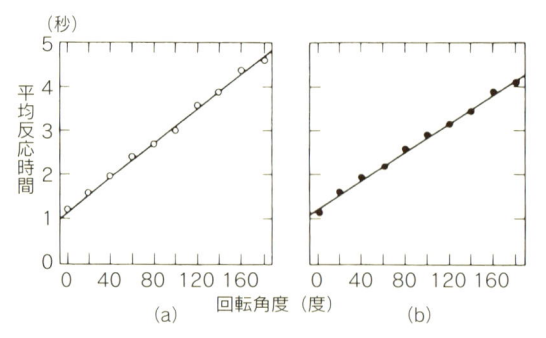

図2-15　心的回転の実験における，同一の物体の場合の回転角度と反応時間の関係
(Shepard & Metzler, 1971)

(a)は物体を表わした平面上での回転の場合，(b)は奥行き方向への回転の場合の結果である。実験の結果より，2つの物体が同一の場合の，2つの物体の回転角度の差と反応時間との関係は，正比例の関係にあることが明らかになった。角度の差が大きければ大きいほど，判断に要する時間が長くなっていることから，実験参加者が，一方の物体のイメージを作って，それを心のなかで回転し，他方の物体のイメージとうまく一致するのかどうかを判断している可能性を示すものと考えられる。

えられる。

　心的回転の実験結果は，イメージを操作するときに，現実世界の物理的対象を実際に操作するのと類似した過程を遂行している可能性を示している。そのため，イメージは，外界の事象と相似的な対応関係をもって，記憶のなかで表象されていると主張する考え方があり，アナログ的表象説とよばれる（たとえば，Kosslyn, 1973, 1975；Paivio, 1975）。それに対して，イメージも言語的情報と同様に命題（proposition）*の形で記憶のなかに表象されていて，イメージという主観的な体験は情報処理の過程に付随する現象にすぎないと主張する考え方もあり，命題的表象説とよばれる（たとえば，Pylyshyn, 1973, 1981）。イメージの記憶表象に関して，この2つの考え方を主張する研究者のあいだでは，1970年代にイメージ論争とよばれた活発な論争がくりひろげられた。

4　知識としての記憶

　私たちが長期記憶に保持する知識は，日常生活におけるさまざまな場面で用いられるものであり，また日常行動そのものを支える基盤となっている。しかしながら，このように重要な役割を担っているのに，知識が記憶の研究において中心的に取り上げられるようになったのは，1960年代後半以降のことである。とくに，タルビング（Tulving, 1972）が，長期記憶を個人的な経験に関連するエピソード記憶と一般的知識の記憶である意味記憶の2つに区分したことを受けて，意味記憶に関する研究として，活発に研究がすすめられるようになった。

(1) 意味記憶

　意味記憶には，概念や言語や記号，自然現象や法則や事実などに関する一般的知識が保持されている。たとえば，「カバは動物である」とか，「机は英語ではdeskである」というような知識であり，私たちが"知っている"情報である。意味記憶に貯蔵されている知識は，もはやそれが学習された時や場所の情報には依存しないものになっている。一方，エピソード記憶に貯蔵されている情報は，自分の経験と何らかのかかわりのある，エピソードや事象についての"覚えている"情報であり，覚えた時や場所の情報と強く関連している（表2-1）。

表2-1 タルビング（1972）によるエピソード記憶と意味記憶の区分
（Cohen, 1989）

	エピソード記憶	意味記憶
表現される情報のタイプ	特定の出来事，事物，人	世界についての一般的知識や事実
記憶の体制化のタイプ	時系列的（時間に基づく） 空間的（場所に基づく）	スキーマまたはカテゴリーによる
情 報 源	個人的経験	くり返された経験からの抽象化 他者から学習したことの一般化
焦　　点	主観的現実性：自己	客観的現実性：世界

　意味記憶のなかで知識がどのように表わされているのかという点に関して，いろいろな考え方があるが，最も代表的なものとして，ネットワークモデルとよばれるものがある。ネットワークモデルは，互いに関連のある概念と概念のあいだに結合を考え，網の目のような概念間の結合の全体構造によって知識が表わされているとする考え方である。図2-16は，コリンズとキリアン（Collins & Quillian, 1969）の階層的ネットワークモデルとよばれる，研究の初期のころの代表的なモデルである。このモデルは，意味記憶の構造を詳しく示した最

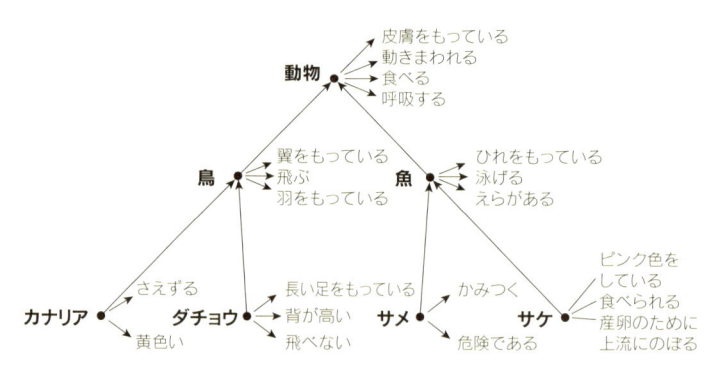

図2-16　階層的ネットワークモデル（Collins & Quillian, 1969）
　各概念がひとつのノード（node）で表わされ，それぞれの概念ノードは，カテゴリの包含関係に基づいて階層的に体制化されて，リンクで結合してネットワークを形成していると仮定されている。たとえば，動物という上位水準の概念は，鳥という基礎水準の概念と結びついていて，さらに，鳥という基礎水準の概念は，カナリアやダチョウといった下位水準の概念と結びついていると考えられている。また，各概念はその属性とも結びついていると仮定している。コリンズらは，このモデルを，文の真偽判断課題（たとえば"カナリアは鳥です"といった文を呈示して，その文の内容が正しいかどうかを判断させるものであり，判断に要する時間が測定される）を用いて検証している。

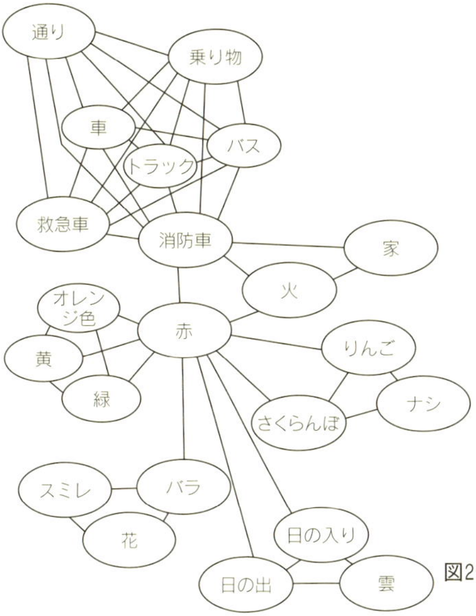

各概念がそれぞれひとつのノードで表わされ，意味的に関連のある概念ノードどうしがリンクで結びつけられて，意味的関連性に基づくネットワーク構造をなしていると考えている。概念間の結びつきは，その２つの概念のあいだの意味的関連が強いほど密接なものになっている。また，概念のもつ属性はその概念と直接結びついていると仮定されており，概念と同様にひとつの属性がひとつのノードで表わされていると考えられる。図の楕円は概念ノードを表わしており，概念ノード間を結ぶリンクは，短いほど意味的関連が強いことを示している。

図2-17　活性化拡散モデルに基づく意味的ネットワーク（Collins & Loftus, 1975）

初のものとして評価されたが，単純で機械的すぎる仮定を設けているとの批判もみられ，その後大きく修正されて，コリンズとロフタス（Collins & Loftus，1975）による活性化拡散モデルが提案された（図2-17）。

⑵スキーマ理論

1970年代に入り，知識に関する研究は意味記憶の検討を中心にすすめられたが，それとは別に，スキーマ理論*という，知識についての注目すべき研究の流れが生じてきた。

スキーマは，なんらかの意味的なまとまりをもって構造化された知識の単位と考えられている。たとえば，食べるという行為に関する知識はひとつのスキーマであるし，人に何かを与えるということに関する知識もまたスキーマである（図2-18）。さらに，レストランに出かけた際にどのような行動をとればよいのかについても知識をもっているが，これもひとつのスキーマである（表2-2）。このような日常的場面のある特定の状況下で行なわれるであろう一連の行動に関する知識は，とくにスクリプト*とよばれることもある（Schank & Abelson，1977）。バウアーら（Bower et al., 1979）の実験結果からは，人はかなり

の程度共通のスクリプトをもっていることがうかがえる。

スキーマは，その特性として，①変数をもち，また変数の値が指定されなかったときに与えられるデフォルト値ももち，②他のスキーマのなかに別のスキーマがはめ込まれることが可能であり，③さまざまな抽象度のレベルで知識を表象することができるといった点が指摘されている（Rumelhart, 1980）。たとえば，レストランに食事にいくということに関するスキーマでは，料理を注文するという要素が含まれているが，注文する料理の種類は変数になっている。また，レジでお金を払うという要素も含まれているが，これは店に買物にいくというスキーマにも含まれている要素であり，レジでの支払いというひとつのスキーマが，それぞれのスキーマのなかに埋め込まれていると考えられるのである。

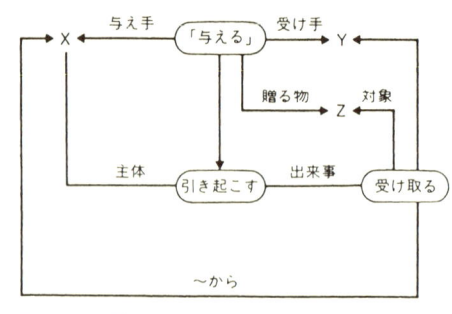

図2-18　「与える」というスキーマの図解表現（Rumelhart & Ortony, 1977）

表2-2　スクリプトの一例（Bower et al., 1979）　御領ら，1993より引用

```
名　　前：レストラン
道　　具：テーブル，メニュー，料理，勘定書，金，チップ
登場人物：客，ウェイトレス，コック，会計係，経営者
入場条件：客は空腹，客は金がある。
結　　果：客の金が減る，経営者がもうかる，客は満足する。
```

場面1：入場
　客がレストランに入る。
　客がテーブルを探す。
　客はどこに座るかを決める。
　客がテーブルの所まで行く。
　客は座る。
場面2：注文
　客がメニューをとりあげる。
　客はメニューを見る。
　客が料理を決める。
　客がウェイトレスに合図する。
　ウェイトレスがテーブルに来る。
　客が料理を注文する。
　ウェイトレスがコックの所に行く。
　ウェイトレスがコックに注文の料理を伝える。
　コックが料理を用意する。

場面3：食事
　コックが料理をウェイトレスに渡す。
　ウェイトレスが客に料理を運ぶ。
　客が料理を食べる。
場面4：退場
　ウェイトレスが勘定書を書く
　ウェイトレスが客に読み上げる。
　ウェイトレスが勘定書を客に渡す。
　客がチップをウェイトレスに渡す。
　客が会計係の所へ行く。
　客が会計係に金を渡す。
　客がレストランを出る。

スキーマは，私たちが外界のさまざまな事物やできごとを認知する際に，トップダウン型処理をもたらすものとして，大きな役割を果たすことが実験的に示されている。

(3)手続き的知識

　意味記憶やスキーマは，長期記憶のなかの宣言的記憶に含まれるものであったが，知識のなかには，手続き的記憶に含まれる種類のもの，すなわち，手続き的知識とよばれるものがある。

　手続き的知識とは，さまざまな認知的活動を行なう際のやり方に関する知識のことで，手続きや技能に関連したものといえる。たとえば，自動車を運転するときには，前方や周囲の状況，自車のスピードなどを瞬時に総合的に判断しながら進行していくが，この際には，記憶のなかに存在している，自動車を運転していくための手続きに関する知識が用いられているのである。

　宣言的記憶に含まれる知識は，意図的に思い出すことができるが，手続き的知識の場合は，実際の認知的活動の遂行をともなわないと意図的に思い出すことはむずかしく，また遂行中においても思いだされていることが意識されない場合が多いという特徴がある（伊東，1994）。

　手続き的知識の表象に関する研究は，まだあまりすすんでいるとはいえず，未知の点が多いが，記憶の情報処理モデルとしてモデル化される場合には，プロダクションシステム*を用いて表わしている例がある（たとえば，Anderson，1983）。

【引用文献】

Anderson, J.R.　1983　*The architecture of cognition.* Cambridge, MA : Harvard University Press.
Anderson, J.R.　1995　*Cognitive psychology and its implications.*（4th ed.）New York: Freeman.
Atkinson, R. C. & Shiffrin, R. M.　1971　The control of short-term memory. *Scientific American*, **225**, 82-90.
Bower, G.H., Black, J.B. & Turner, T. J.　1979　Scripts in memory for text. *Cognitive Psychology*, **11**, 177-220.
Cohen, G.　1989　*Memory in the real world.* London : Lawrence Erlbaum Associates.

川口　潤・浮田　潤・井上　毅・清水寛之・山　祐嗣（訳）　1992　日常記憶の心理学　サイエンス社

Collins, A.M. & Loftus, E.F.　1975　A spreading-activation theory of semantic processing. *Psychological Review*, **82**, 407-428.

Collins, A.M. & Quillian, M.R.　1969　Retrieval time from semantic memory. *Journal of Verbal Learning and Verbal Behavior*, **8**, 240-247.

御領　謙・菊地　正・江草浩幸　1993　最新認知心理学への招待―心の働きとしくみをさぐる　サイエンス社

Gregg, V.H.　1986　*An introduction to human memory*. London : Routledge & Kegan Paul. 梅本堯夫（監）高橋雅延・川口敦生・菅　眞佐子（訳）　1988　ヒューマンメモリ　サイエンス社

石王敦子　1997　知覚　北尾倫彦・中島　実・井上　毅・石王敦子　グラフィック心理学　サイエンス社　Pp.11-36.

井上　毅　1997　記憶　北尾倫彦・中島　実・井上　毅・石王敦子　グラフィック心理学　サイエンス社　Pp.37-62.

伊東裕司　1994　記憶と学習の認知心理学　市川伸一・伊東裕司・渡邊正孝・酒井邦嘉・安西祐一郎　岩波講座認知科学5　記憶と学習　岩波書店　Pp.1-43.

Klatzky, R.L.　1980　*Human memory : Structures and processes*.（2nd ed.）New York : W. H.Freeman and Company. 箱田裕司・中溝幸夫（訳）　1982　記憶のしくみⅠ・Ⅱ　サイエンス社

Kosslyn, S.M.　1973　Scanning visual images : Some structural implications. *Perception and Psychophysics*, **14**, 90-94.

Kosslyn, S.M.　1975　Information representation in visual images. *Cognitive Psychology*, **7**, 341-370.

Mandler, J.M. & Johnson, N.S.　1976　Some of the thousand words a picture is worth. *Journal of Experimental Psychology : Human Learning and Memory*, **2**, 529-540.

Miller, G.A.　1956　The magical number seven, plus or minus two : Some limits of our capacity for processing information. *Psychological Review*, **63**, 81-87.

Neisser, U.　1967　*Cognitive psychology*. New York : Appleton.

Nelson, T.O., Metzler, J. & Reed, D.A.　1974　Role of details in the long-term recognition of pictures and verbal descriptions. *Journal of Experimental Psychology*, **102**, 184-186.

Nickerson, R.S. & Adams, M.J.　1979　Long-term memory for a common object. *Cognitive Psychology*, **11**, 287-307.

Paivio, A.　1971　*Imagery and verbal processes*. New York : Holt, Rinehart & Winston.

Paivio, A.　1975　Perceptual comparisons through the mind's eye. *Memory and Cognition*, **3**, 635-647.

Paivio, A.　1986　*Mental representations : A dual coding approach*. New York : Oxford University Press.

Peterson, L.R. & Peterson, M.J.　1959　Short-term retention of individual verbal items. *Journal of Experimental Psychology*, **58**, 193-198.

Potter, M.C. & Levy, E.I.　1969　Recognition memory for a rapid sequence of pictures. *Journal of Experimental Psychology*, **81**, 10-15.

Pylyshyn, Z.W.　1973　What the mind's eye tells the mind's brain : A critique of mental

imagery. *Psychological Bulletin*, **80**, 1-24.
Pylyshyn, Z.W. 1981 The imagery debate : Analogue media versus tacit knowledge. *Psychological Review*, **88**, 16-45.
Rumelhart, D. E. 1980 Schemata : The building blocks of cognition. In R . J. Spiro, B.C. Bruce & W. F. Brewer (Eds.) *Theoretical issues in reading comprehension*. Hillsdale, N. J. : Lawrence Erlbaum Associates. Pp.33-58.
Rumelhart, D. E. & Ortony, A. 1977 The representation of knowledge in memory. In R . C. Anderson, R . J . Spiro & W. E. Montague (Eds.) *Schooling and the acquisition of knowledge*. Hillsdale, N. J. : Lawrence Erlbaum Associates.
Schank, R . C. & Abelson, R . 1977 *Scripts, plans, goals and understanding*. Hillsdale, N.J. : Lawrence Erlbaum Associates.
Selfridge, O. G. 1955 Pattern recognition and modern computers. Proceedings of the Western Joint Computer Conference. New York : Institute of Electronics Engineers.
Shepard, R . N. 1967 Recognition memory for words, sentences, and pictures. *Journal of Verbal Learning and Verbal Behavior*, **6**, 156-163.
Shepard, R.N. & Metzler, J. 1971 Mental rotation of three-dimensional objects. *Science*, **171**, 701-703.
Sperling, G. 1960 The information available in brief visual presentations. *Psychological Monographs*, **74**, 11 (Whole No.498), 1-29.
Tulving, E. 1972 Episodic and semantic memory. In E. Tulving & W. Donaldson (Eds.) *Organization of memory*. New York : Academic Press. Pp.381-403.

3章 人の眼と機械の眼

翔太：愛って，
　　　使い捨てコンタクトだったよな？
愛　：そうよ。捨てるんだから，
　　　ちょっともったいない気もするけど。
　　　けっこう，これって便利なのよね。
　　　清潔だし。
翔太：へぇ。オレも愛のコンタクトみたいな
　　　存在かな？
愛　：私に捨てられる，ってこと？
翔太：違うよ。目の中に入れても痛くない，
　　　ってことだよ。
愛　：コンタクトって，ゴミが入ると涙が
　　　止まらないのよねぇ。

1　「見る」ための装置の基本的なしくみ

(1) 人の知覚はカメラにたとえられる

　人が視覚から得ている情報は，ほかの感覚器からの情報にくらべても，きわだって多いことが知られている。その豊富な視覚的な情報を正確に記録するために，人類はさまざまな技術を考案してきた。

　カメラの原型であるカメラ・オブスキュラは，暗室や暗箱にあいた小さな穴から入った光が，逆の壁面に像を映し出す装置である。このしくみは古代ギリシャで発見され，中世ヨーロッパでは絵画制作のためにさかんに利用された。19世紀には，このカメラ・オブスキュラをもとに，銀の化学反応を利用して光

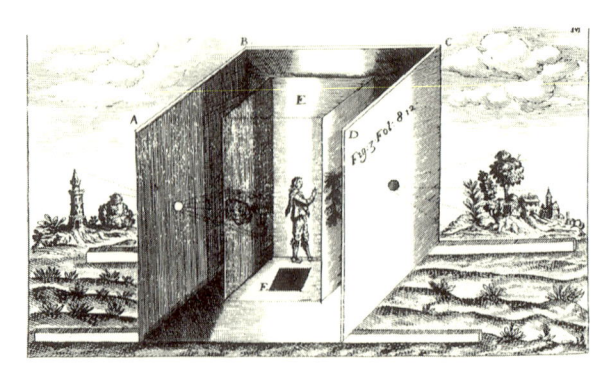

図3-1　1646年に描かれたカメラ・オブスキュラの説明図（Rock, 1984）

を固定する現在のカメラ（銀塩式）が開発された。やがて記録に用いる媒体も，銀塩の化学反応から電気・磁気信号へと進化して，現在のデジタル映像機器へとつながっている（図3-1）。

　このように多様な映像記録技術が開発されてきたが，興味深いことに，これらの基本的なしくみは，いずれも人がものを見るしくみにならっているのである。したがって，新しい映像技術を使いこなそうとするのであれば，その手本になっている人の視覚について知ることが大事である。新しい機器や技術であっても，視覚と比較することで，よりよくその技術の特徴を理解することができるであろう。

　人の視覚をカメラにたとえることを心理学では視覚のカメラアナロジー（比喩）とよんでいる。人の眼もカメラも，同じように

　(a)　外界の風景を屈折させて像を結ぶためのレンズ
　(b)　レンズが作り出した光学像を感知する感光体
　(c)　余分な光を遮断する暗箱

の3つの要素を持っている（図3-2）。

　異なっているのは，感光部や保存媒体に何を使い，どのような形式の情報として保存するかの点なのだ（表3-1）。

(2) 光景を結像させる―光学系のはたらき―

　まず，フィルムを使う銀塩式のカメラと視覚を比較しながら考えてみる。

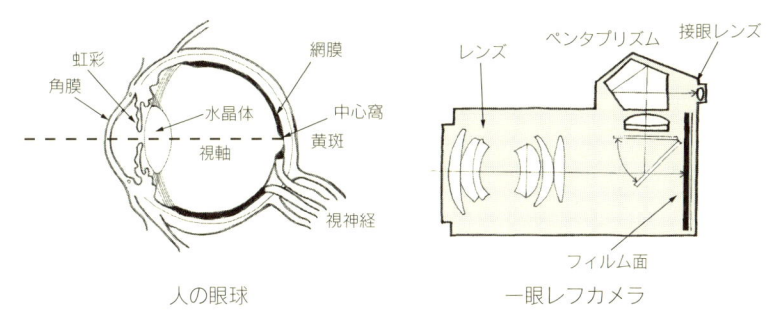

図3-2 人の眼とカメラの構造の類似性

表3-1 眼と映像機器の比較

	感光部	信号	記録媒体
眼	視細胞（錐体・桿体）	電気神経信号(アナログ)	脳の記憶システム
カメラ（銀塩）	フィルム（銀化合物）	アナログの化学変化	フィルム・銀粒子
カメラ（デジタル）	電気素子(CCD, CMOS)	デジタル電気信号	記憶装置（メモリ）
ビデオカメラ	電気素子(CCD, CMOS)	アナログ・デジタル	磁気テープなど

　ここで，私たちが目の前のイヌを見ているとしよう。最初にイヌに当たった光は，反射光となって私たちの眼に入ってくる。そして，角膜（cornea）と水晶体（lens）を経て，眼球の奥の網膜（retina）にある視細胞に到達する。ここで光のエネルギーは電気的な神経信号に変換されるのである。

　カメラの場合も同じく，レンズを通過した光はボディの奥にあるフィルムに到達する。そのフィルム上では，光によって感光物質が化学変化を起こし，その結果，画像が記録されるのだ。

　ここで重要なのは，カメラレンズも水晶体も，同じように光を屈折させる媒体（光学系）としてはたらくことである。では，このレンズはなぜ必要なのだろうか？

　図3-3のように，イヌの形を正しく記録するためには，外界の対象とその光学像が相似形となって網膜やフィルム面に写り込まなければならない。そのためには，外界の一点から来た光は，同じく網膜の

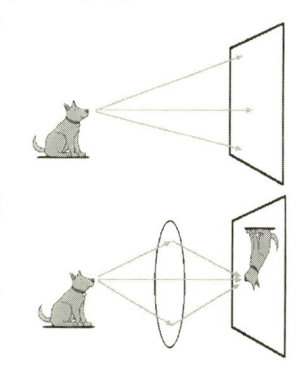

図3-3 レンズがある場合とない場合の光線と結像
一点からでた光線がレンズのはたらきで一点に収束する場合に，結像できる。

一点のみに到達しなければならない。これが結像とよばれる重要なはたらきであり、そのためにはレンズで光線を屈折させて集めなければならないのだ。

　もし、このレンズがないとしたら、対象の一点に当たった光は四方八方に反射しているため、網膜やフィルム上では広く広がってしまう。そのため、私たちはイヌの形を識別することはできない。ちなみに、図3-3のように網膜上の像は上下が逆に結像するため、私たちは実際には逆さまの世界を見ていることになる。

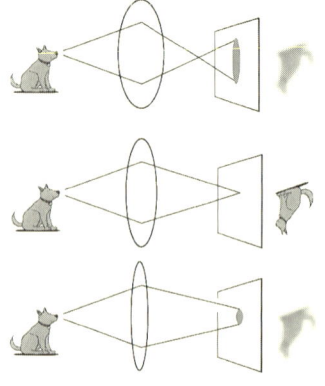

図3-4　焦点のズレによるボケ
一点に結像しない場合、錯乱円が生じ、ボケた画像になる。

　離れた所にある対象の形をとらえるためには、機械でも動物でもこの結像が必要である。一方で、原始的な生物のなかにはレンズのない眼を持っているものもおり、光の変化を感知できても、像を知覚することはできない。また、カメラのなかには、レンズを使わずに、小さな穴（ピンホール）を使って暗箱のなかに結像させるものもある。先に述べたカメラ・オブスキュラはこの原理を利用している。現在の「カメラ」ということばは、この装置がラテン語で「暗い部屋」＝カメラ・オブスキュラとよばれたことに由来する。

　入ってきた光線が、網膜上やフィルム上に正しく焦点を結んでいれば、対象ははっきりと結像する。しかし、結像する位置（焦点）が少しでもずれると像はぼやけてしまう（図3-4）。そこで人間の眼では、毛様態筋（corpus ciliare）のはたらきにより水晶体の厚さを変化させて焦点の位置を変化させている（図3-5）。この筋肉の収縮がうまく行なえなかったり、眼球の形や屈折力に異常がある状態が近視や遠視であり、眼鏡やコンタクトレンズは、光を屈折させて眼の調節能力を補うはたらきを担っている。

　一方、カメラではレンズの厚さを変えることはできないので、レンズの位置を前後に動かすことで、焦点位置を調整するしくみになっている。

　特にカメラで用いられるレンズは、虫眼鏡とは違って高い精度が要求される。風景上の点や直線が、そのままフィルム上でも点や直線になって完全な相似形

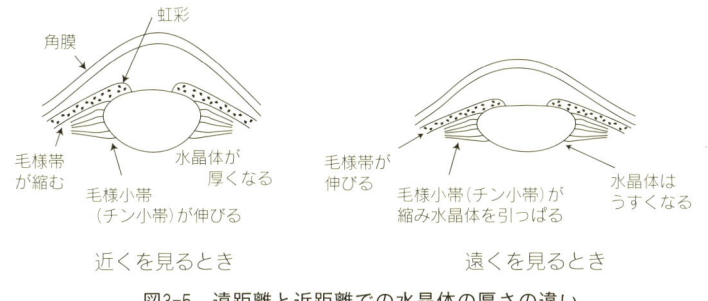

図3-5 遠距離と近距離での水晶体の厚さの違い

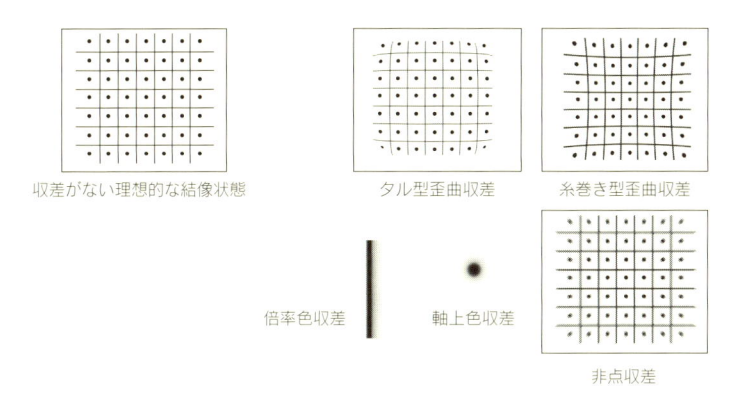

図3-6 レンズで発生する収差のいろいろ

に結像するのがレンズの理想だが，これは現実には困難である。たとえば光をプリズムで分光できることからもわかるように，光は波長によって屈折率が異なっている。したがってレンズで屈折させると，すべての光を一点に集めることはできない。こうした結像のズレによって起こる画像の歪みやにじみは収差とよばれ，図3-6に示すようにさまざまな種類がある。高級なカメラレンズは複数のレンズを組み合わせたり，レンズ面を非球面にすることで収差を低く押さえるくふうがなされている。逆にコストダウンのため，そうしたくふうがされていない場合は，さまざまな収差が発生して画質が低下するのは避けられない。このように収差の強弱はレンズの性能を評価する有力な指標になる。

　人の水晶体でも同じような収差が起こっているのはまちがいないが，その後の視覚情報処理のはたらきによって自動的に補正されるので，私たちがそのゆがみを実感することはほとんどない。

(3) 結像を信号に変える

　人の眼では，光は網膜という光受容器上に結像する。すると，その網膜上の光を感じる視細胞が活動し，神経信号（インパルス）を発生させる。この視細胞には，棒のような形をした桿体（rod）細胞と，とがった形の錐体（cone）の2種類がある。桿体は全部で約1億個以上あり，暗いところでも光を感じることができるが，色の感受性はごく弱い。錐体細胞は約650万個あり，おもに色を感じるはたらきを担っている（図3-7）。

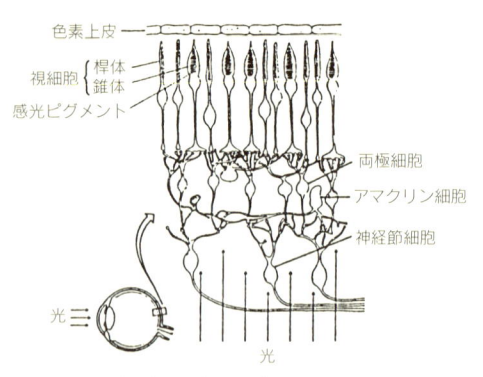

図3-7　網膜の視細胞と組織

　これらの視細胞の分布を見ると，中心窩とよばれる網膜の中心の領域では，錐体の密度が非常に高いのに対し，周辺には桿体が多い。そのため視野の周辺部（周辺視）では色を識別することは困難になる。

　これら桿体や錐体が光を感じることで発生した神経信号は，双極細胞層と神経節細胞を経由し，1千万本以上の視神経繊維を通して眼球外へと出る。そして外側膝状体を経由して大脳の後頭部にある第一次視覚野に伝送される。

　一方，通常のカメラの場合，結像した光学像に反応するのは写真用のフィルムである。フィルム面上に塗られている銀の化合物（写真乳剤）は，光が当たると化学変化を起こして銀イオンに変わる。像が映っている明るい部分だけは，化学反応が起こり（露光），暗い部分ではこれが起こらない（未露光）。後に暗室で現像処理を行なうと，シャッターを開いた瞬間にフィルム上に投影された画像が，銀の濃淡に反転されて再現されるのである。このようなしくみのため，一般的な写真は正しくは銀塩写真とよばれ，1839年にフランスのダゲール（Daguerre, L.J.M.）とニエプス（Niepce, J.N.）が発明したとされている（図3-8）。

図3-8　1839年製　最初のダゲレオタイプのカメラ
（Newhall, 1996）

この方法では，フィルム上の像は明暗が反転したネガ像（陰画）になる。これに対し，スライド用のフィルムは現像時に反転処理を行なって，明暗や色を現実の画像と同じポジ像（陽画）として再現する。そのためスライド用フィルムは，ポジフィルムもしくはリバーサルフィルムとよばれる。

(4) 色情報を信号に変える

光は電波と同じ電磁波の一種である。そのうち波長380nm（ナノメータ）から780nmの範囲のものが可視光線に分類され，光の色（色光）は，その波長によって決まる（図3-9）。

プリズムや虹の7色でわかるように，太陽光線はいくつもの波長の光が混合している。一方，物体が持っている固有の色というのは，物体の材質によって特定の波長の光を反射したり吸収したりするために生じる。たとえば赤いリンゴは，赤以外の波長の光を吸収し，赤を中心とした波長をおもに反射するために赤く見える。また赤いセロファンは赤い光のみを透過させるので光にかざすと赤く見える。

色を表現するうえで，人と機械の眼にとって基本になるのが，レッド(R)，グリーン(G)，ブルー(B)の「光の3原色」である。さまざまな色彩は，RGB*の3色の光を混ぜ合わせることで表現でき，すべてを混ぜ合わせると白色光になる

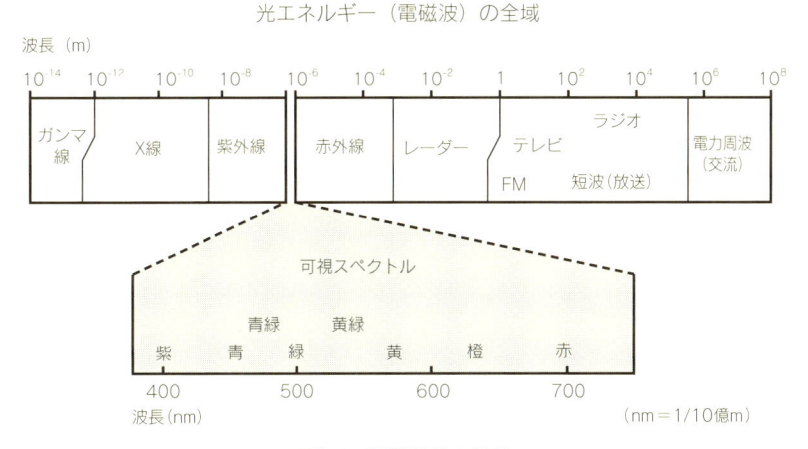

図3-9　可視光線の波長

（加法混色，カバー折返し口絵参照）。

　人の網膜の錐体細胞にも，3種類の色光に感度のピークを持つ3種類の錐体があって，これらの信号によって色を知覚すると考えられている（図3-10）。たとえば緑の光が入ってくれば，緑に反応する錐体がもっともよく反応し，赤と緑の中間色である黄色の光が入ってくれば，赤と緑の錐体が均等に反応することになる。また，この3種類の錐体のうち，いずれかが欠落したり正常なはたらきをしない場合，色盲という色覚障害が起こることはよく知られている。

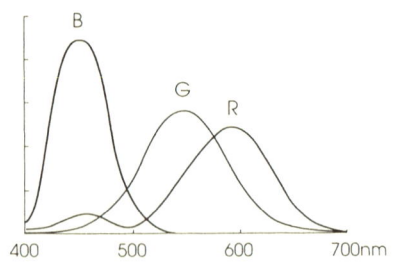

図3-10　錐体の光感受性（磯，1996）
それぞれ560nm，530nm，450nmに感受性のピークをもつ3種類の錐体が存在する。

　写真用カラーフィルムの代表的なものでは，人の眼と同じようにRGBそれぞれの光にのみ感光する3種類の感光乳剤層を持っている。さらに，後述するようにテレビやデジタルカメラなどの情報機器でも，RGBを用いた色の処理が基本になっている。

　ただ，印刷物に使うインクなどでは，シアン(C)，マゼンダ(M)，イエロー(Y)の3色のインクをを混ぜ合わせて色を表現している。これを「色の3原色」とよぶ。CMYはRGBと補色の関係であり，たとえばシアンのインクは補色であるRの光を吸収し，GとBの成分を反射するため，眼にはシアンに見える。色の3原色では，光と異なり，色を混ぜると黒に近づいていく（減法混色，カバー折返し口絵参照）。

　原則として，光を発して色を表わすモニターなどではRGBをもとにし，反射した光で像を見る印刷やインクでは，CMYをもとにして色情報を処理する場合が多い。

2　デジタル化する映像機器

(1) 電子の眼でとらえる映像機器

　これまで述べたように，機械の眼の代表であるフィルムカメラと人の眼の光

学系はじつによく似ている。これは新しい映像機器であるビデオカメラやデジタルカメラでもほぼ同じである。異なるのはフィルムの代わりに，光に反応して電気を発生させる素子を使って光を電気信号に変え（光電効果），それで画像を記録する点である。

人であれば網膜，銀塩カメラであればフィルムに該当する電子映像機器の受光体（感光体）は，現在ではCCD (Charged Coupled Device：電荷結合素子) やC-MOSという半導体がおもに使われる（図3-11）。CCDを使ったイメージセンサーでは，多数の受光素子を格子パネル状に並べて光を受け，そこに投影された光の強弱を電気信号に変えて順に読み出し，アンプで増幅するしくみを持っている。

図3-11　各種サイズCCD（単位インチ）と写真用フィルム

こうして映像機器から読み出された電気信号の強弱（アナログ信号）を，磁気テープに連続的に記録するのがV.H.S.などのビデオ・システムであり，電波に変えて放送しているのが，アナログのテレビ放送である。テレビやビデオの場合，CCDからの信号はテレビ画面に合わせた走査信号として取り出される（図3-12）。日本の通常のテレビ放送の規格であるNTSC方式*の場合，1枚の画面はタテに525本の走査線でできており，60分の1秒で垂直方向に2回走査する規格になっている。HDTVとよばれる次世代の映像規格ではこの走査線の数が多くなっており，たとえば1,125本の高精細な映像（規格によって異なる）を扱うこともできる。

このように，電子映像機器は光学像を電気信号に変換するという点で，網膜像を神経信号に変換するしくみに近い。ただし，現在の映像機器の主流になりつつあるのは，電気の強弱をそのまま記録するアナログ方式ではなく，2進法の数値（デジタル信号）に変換してから記録や放送を行なうシステムである。

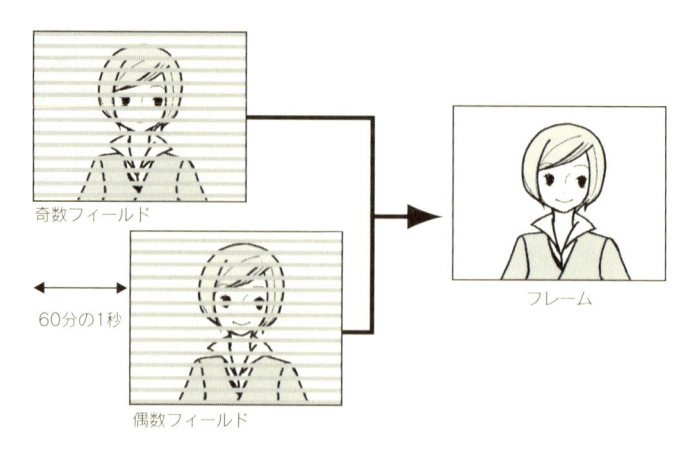

図3-12　テレビの走査線と映像
通常のアナログテレビでは，1枚の画像（フレーム）を表現するために，走査線を1本おきに走査し，2枚のフィールドに分割して表示する。これをインターレース方式とよぶ。（イラスト：清水志乃）

　このデジタル方式のしくみと扱いを正しく理解することが，最新の視聴覚メディア機器を使いこなすポイントになってくる。

(2) アナログからデジタルへ

　一般には，デジタルは離散量，アナログは連続量というむずかしいことばで表わされるが，その違いはどこにあるのだろうか？

　最も一般的なアナログ時計とデジタル時計をくらべてみよう（図3-13）。デジタル時計では，時間表示は，10：00→10：02→10：03のように，数字で表わされる。しかし，このひとつの数字が表示されているあいだも，連続して時間は過ぎ去っている。これに対し，アナログ時計はどの瞬間においても，連続する量の程度として時間を表現することができる。つまり，時間だけでなく，光や音や，そ

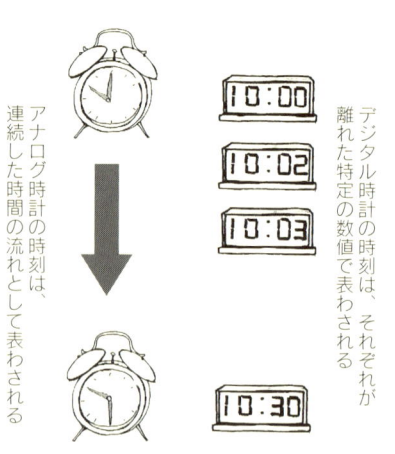

アナログ時計の時刻は，連続した時間の流れとして表わされる

デジタル時計の時刻は，それぞれが離れた特定の数値で表わされる

図3-13　アナログは連続量・デジタルは離散量を表わす

のほかのさまざまな情報を連続的な量で表わすのがアナログである。一方，これをいったん数値や文字などの別の符号に変換（符号化）して表わすのがデジタルである。

　たとえば，人の眼やカメラがとらえた映像は，最初はすべて連続した光の量の強弱によるアナログ情報だが，デジタルカメラではこれを数値データ（2進数）に変換して記録する。

　こうしてデジタルで表現されたデータはアナログにない優れた特性を数多く持っている。

　まず，デジタル化してしまえば，もとになっている情報が，音声であれ映像であれ文字であれ，すべてが2進数の数値で扱えるのが最大の利点である。2進数の0と1は，スイッチのオンとオフに対応するので，コンピュータなどの情報機器で情報の処理（記録・保存・伝達・変換）が可能になる。

　また，デジタル画像は「美しい」とよくいわれる。それは，デジタルには情報が劣化しにくい特長があるためだ。電子回路のなかで2進数の0と1は，たとえば0Vと5Vといった電圧がない状態とある状態の2つのレベルで伝達される。これに対し，アナログの情報は電圧の弱いものから強いものまで連続した変化で伝達される（図3-14）。いずれの電気信号も，伝達されているうちにノイズなどの原因で，変動を受けるのはやむを得ない。この際に，アナログ信

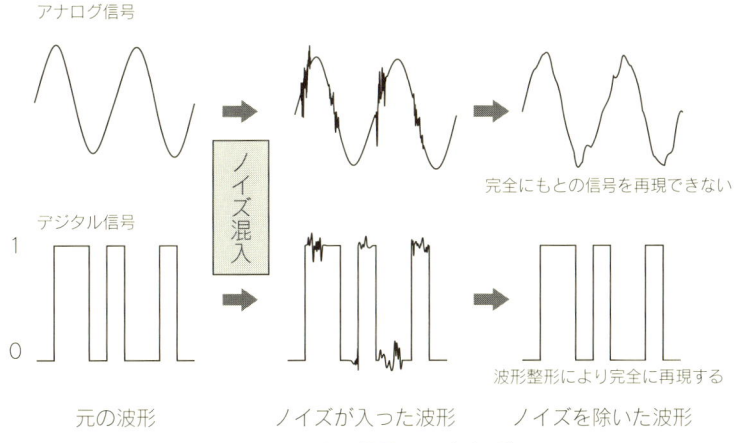

図3-14　デジタル信号はノイズに強い

号では，電圧の値自体が信号であるため，もとの情報自体が変化（劣化）してしまうことになる。一方，デジタルの場合は，0Vと5Vしか認めないため，多少の変動は吸収して，必ず0Vか5Vに復元されて情報が伝達される。さらに，デジタルには誤り訂正符号という信号を正確に伝えるしくみを含むこともできる。

こうした特性により，たとえばアナログのビデオをダビングすると画質は劣化してしまうが，デジタルであれば完全な複製を作ることもできる。現在，地上波のテレビがアナログからデジタル放送に切り替えられつつあるが，デジタル放送であれば，ノイズやゴーストに妨害されることなく高品位な画像を受信することができる。

また，後述するように，デジタル情報は情報を圧縮することができるため，インターネットでの転送や多チャンネルでの放送を効率的に実現できることも大きな特長である。もっとも，複製しても情報が劣化しないことに関しては，著作権にからむ新たな社会的問題を生んでいることも注意が必要である。

(3) デジタル画像化技術の基本

一般的なデジタルカメラで，外界からの光情報（アナログ）が，デジタル画像データに変換されるしくみは次のようになっている。

まず，レンズから入った光景がCCDの表面に結像する。CCDの表面には，光を感じる受光素子が格子状に数百万個も配置されている。このそれぞれで，光の強さに応じた電気の信号（アナログ量）が発生する。こうして，光学像の輪郭や明暗はたくさんの点の集合として表現される。この処理をデジタル画像処理ではサンプリング*とよび，また画面を構成する最小単位である点を画素（ピクセル：pixel）*とよぶ（図3-15）。

一般的なデジタルカメラ製品が備えているCCD上には，初期のものでは数十万の画素，2006年の時点で一般的なものでは300万から600万，多いものでは1千万以上の受光素子がある。

サンプリングされた電気信号は，次の量子化のステップでデジタル量に変換される。その第一段階では，連続した明るさ情報をいくつかの明るさの段階（離散値）の近似値に置き換える。この段階が多いほど階調が豊かで品質の高

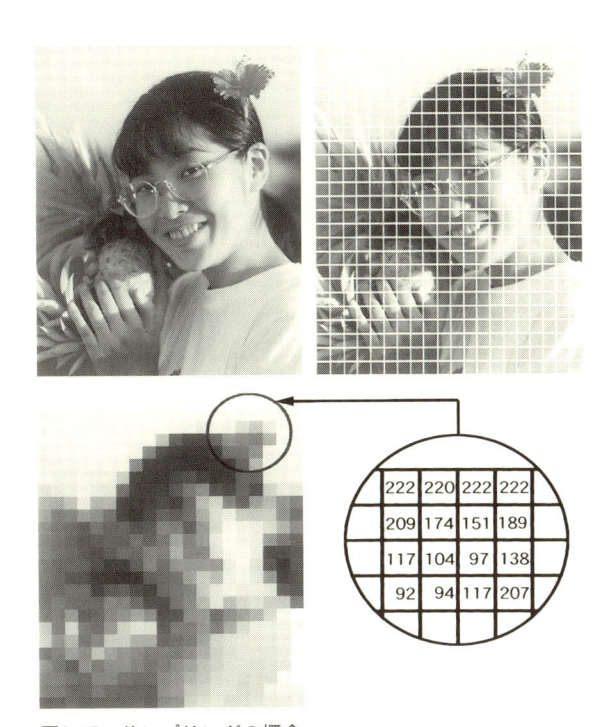

図3-15 サンプリングの概念
この例では,画面を20×24の画素に分割し,各画素の明るさを8ビットすなわち256階調で量子化した。この場合,各画素は0～255の値をとる。0が黒で255が白,中間の数は黒と白の中間の明るさを表わしている。

表3-2 画素あたりの情報量と階調数の関係

ビット数	階調数
1 bit	2
2 bit	4
3 bit	8
4 bit	16
5 bit	32
6 bit	64
7 bit	128
8 bit	256

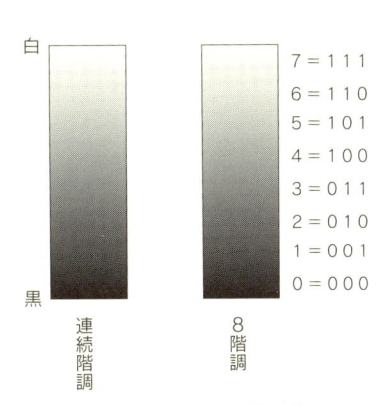

図3-16 明るさの量子化

7 = 111
6 = 110
5 = 101
4 = 100
3 = 011
2 = 010
1 = 001
0 = 000

い画像を得ることができるが，その分データ量は増加する。

　次いでデータを2進数に符号化する。2進数の1桁＝1ビットの情報量で表現できるのは信号の有無を表わす2つの階調だけである。したがって2ビットでは4階調，8ビットのデータでは256の階調がそれぞれ表現できる（図3-16，表3-2）。

　こうしてデジタル画像データができあがるが，これでは画像は白黒の明暗を表わすにすぎない。カラー画像の場合は，撮影の際にRGB（もしくはCMY）の1色のみを透過させるカラーフィルターを使って，ひとつの受光素子がひとつの色のみを担当するしくみが一般的に用いられる。こうして得られたRGB単色データの組み合わせによって，すべての色彩が表現される。RGBそれぞれの色の値を8ビット（256段階）で表現した場合，RGB×256段階の組み合わせで約1,627万色を表現することができるのである。

(4)デジタルデータの圧縮技術

　RGBで作られたビットマップのデジタル画像データは，そのままでは巨大なデータ量になる。一般的な300万画素のデジタルカメラでも，1枚の画像は約9MBにもなる。またビデオのような動画となると，1秒間にたくさんのコマの画像を連続して表示するため，短時間でもさらに膨大なデータが必要になってしまう。このようにデータ量が大きくなるとコンピュータでの処理や保存，ネットワークでの転送も著しく不便になる。

　しかし，デジタルデータは「圧縮」とよばれる技術を使って，データ量を減らすことができるのである。この圧縮技術は，インターネットやデジタル放送にとって，なくてはならぬ重要な技術であり，映像を扱う情報機器を使いこなすためには，さまざまな圧縮方法とデータ形式，およびそれぞれのメリットとデメリットを把握しておかねばならない。

　データ圧縮について，その原理を簡単に理解しておこう。一番簡単な圧縮方法は，同じデータのくり返し（冗長性）を利用することである（Run Length Encoding）。

　たとえば図3-17のように，データを「データ値」×「くり返し数」に符号化しておき，利用する際に元に戻す（展開や解凍）方法がある。イラストなどで同

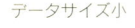

図3-17　くり返しを利用した圧縮
「無駄」という単語を24回表現するのに，くり返し数の情報を使うことで，データ量を減少することができる。（イラスト：清水志乃）

　色に塗りつぶされた面のように，同じデータのくり返しが多い場合は保存するファイルサイズを非常に小さくすることができる。
　また，一定のデータ列を別の短い符号に置き換える圧縮技法も多く使われている。基本的なハフマン符号化（Huffman encoding）では，圧縮対象のデータをカウントして，出現確率が高いデータ列には短い符号を，確率が低いデータ列には長い符号を割り振る。こうすると頻繁に出現するデータ列を短い符号で表わせるので，全体のデータは短くすることができる。
　このように冗長性や出現確率を利用した圧縮データは，もとの画像の情報を完全に保持しているため，圧縮後も元データに完全に復元することができる。このタイプの圧縮を可逆圧縮もしくはロスレス圧縮とよぶ。コンピュータのプログラムなど，情報が失われると困る情報圧縮に適しており，パソコンではZIP形式という圧縮ファイルなどにも使われている。
　一方，写真などの画像データなどでは，人の眼に感じにくい色変化のデータを捨ててしまい，データサイズを小さくすることも一般に行なわれている。デジタルカメラやWebなどでよく用いられるのが，後述のJPEG（ジェイペグ）とよばれる画像形式やMP3という音声形式などである。また，データ量が膨大になる動画データでは，MPEGなどのさらに高度な圧縮技術が使われている。こうした圧縮は，データを捨ててしまうので，圧縮する前のファイルに戻すことはできないが実用上十分な品質を維持できる。このような復元不可能な圧縮

表3-3　代表的なビットマップ画像データ形式

- JPEG（Joint Photographic Experts Group：ジェイペグ）

　人の眼には感じにくい色調の変化のデータを捨てる（非可逆圧縮）ことによって、画像を非常にコンパクトに圧縮できる。そのため、一般向けデジタルカメラのほとんどで使われている。8ビット×3の24ビット（1,670万色）まで扱うことができ、写真のような自然画像の圧縮に向いている。Web上の写真データなどにも使われる。

　圧縮率を自由に変えられるが、圧縮率を高くしすぎると輪郭部分に蚊が飛んでいるようなモスキートノイズとよばれる画像劣化が起こる。また、8×8ドット単位で符号化されているためブロック状のノイズも現われる（図3-18）。

- GIF（Graphics Interchange Format：ジフ）

　最大8ビット（256色）までの色を扱うことができる。色数を減らすことで、さらに画像サイズを小さくすることができる。したがって、JPEGが得意とするような自然画の再生には向いておらず、同じ色がベタ塗りで続くイラストなどのような画像データに適する。そのため、Webのイラストやボタン、バナーなどに使われる。GIFで使われるLZW圧縮法には特許上の問題があり、Web上での使用は、新しい画像形式であるPNG（Portable Network Graphic）形式へと移行しつつある。ただしPNG形式は、古いブラウザでは見られないケースもあるので注意。

- TIFF（Tagged Image File Format：ティフ）

　デジタルカメラやパソコンの画像データを、機器やソフトに依存せずに共通して利用できるように考えられたファイル形式。互換性を高めるため、ひとつのファイルのなかに、複数のデータ形式を格納する。そのため、ファイルサイズは非常に大きくなる。

- BMP（Microsoft Windows Bitmap Image）

　マイクロソフト社のWindowsで扱われる最も基本的な画像形式。標準では非圧縮なのでサイズは大きいが、Windows系のソフトであれば互換性が高い。

低圧縮時(サイズ104KB)　　　高圧縮時（サイズ80KB）の部分拡大

図3-18　JPEG圧縮で現われるノイズ
JPEGでは圧縮率を変えられるが、高圧縮ではノイズがめだつ。
（イラスト：清水志乃）

を不可逆圧縮もしくはロッシー圧縮とよぶ。

(5)**代表的な画像データ形式**

　デジタルカメラやコンピュータで，画素をもとにした画像データ（ビットマップ画像）を扱う際には，圧縮方法などの特徴によりいくつかの形式がある（表3-3）。

3　映像データ活用のための補足知識

(1)**デジタル映像機器での「色」の扱い**

　色彩をいくつかの値で表わす方法はさまざまなものがある。すでに述べたようにデジタル画像情報ではRGBやCMYKの基本色の混合で表わすのはそのひとつの例である。これに対し，色彩心理学では，物体の色を色相・彩度・明度の3つの基本属性で表現するのが一般的である。この表現法は，直感的に理解しやすいという利点があり，HSBモデルや

図3-19　色立体（有本・岡村，2002）

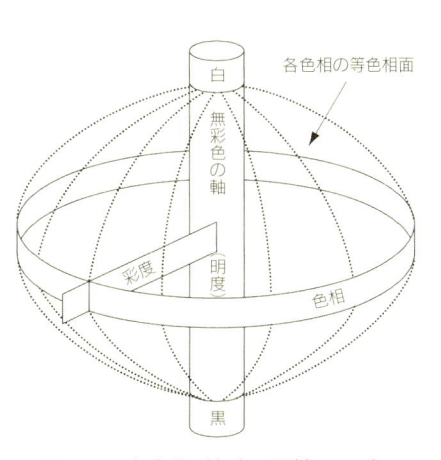

表3-4　色相・彩度・明度で色を表現する

- **色相（hue）**
  赤や青のような色調を表わす。物理的には光の主波長によって決まる。
  　スペクトルによって変化する色を，赤(R)を起点0度にして環状に配置したものが色相環である（カバー折返し口絵参照）。RGBやCMYなどの3原色は，この色相環上の正三角形の頂点に位置する。色相環上で180度の対称上に位置する色どうしが補色である。この補色どうしは混ぜ合わせると無彩色になる。たとえばブルーとイエロー，グリーンとマゼンダなどは補色である。

- **彩度（saturation）**
  色の鮮やかさを表わす指標で，色の純粋の度合いを示す。飽和度ともいう。彩度が0では無彩色のグレーになる。逆に彩度が100%に近づくと純粋な色（純色）になり，グレーが存在しない状態になる。

- **明度B（Blightness, Lightness）**
  色の明るさを表わす指標。物の表面の輝度（反射率）によって決まり，明度が高くなると色は明るくなる。彩度0で明度1（100%）の場合が白色であり，明度0だと黒色になる。

マンセル表色系などで利用される（表3-4）。

この色相・彩度・明度を使った色モデルは，図3-19のように色相環の縦軸に明度，直径方向に彩度を表わす座標を取ることで，色を立体上に表現することができる。

表3-5　代表的な動画データ形式

- **DV形式（Digital Video形式）**
民生用デジタル・ビデオカメラVCRで使われる映像形式。圧縮方法はJPEGと同じく肉眼で感知できないデータを捨てることでフレームごとに行なう（空間圧縮）。記録容量が大きいテープメディアを想定しているため，圧縮率は１／５と低く，720×480画素の高品位な画質が得られる。フレーム単位の編集には適するが，巨大なサイズになるため，長時間のDV形式画像をパソコンで扱うのはむずかしい。次世代のHDV規格は，後述のMPEG 2である。

- **MPEG（Moving Picture coding Expert Group）**
MPEGとは，国際標準化機構(International Organization for Standardization: ISO)*による動画データ標準化のための団体であり，デジタル映像データを圧縮するため，目的にあわせていくつもの符号化規格を策定している。現在のパソコンやインターネットで扱われる動画像は，ほとんどがこのMPEG形式に準拠している。
MPEG１／２／４の圧縮符号化では，非常に高度な圧縮技術が用いられている。たとえば，時系列に沿って連続する画像（フレーム）には，背景などの同じものが写っている場合が多い。こうしたほとんど変わらないものを共通したデータとして扱い，以前のフレームと異なる部分（差分）のみを新たなデータとして記録すれば，データは大きく圧縮することができる（図3-20）。ただし，差分データを記録している方式のため，そのままではフレーム単位の編集はできないという欠点がある。

［MPEG 1］
1.5Mbps前後の時間あたり情報量（ビットレート）で，CD-ROMなどに映像を蓄積できることをめざしたもの。画質はVHSビデオ並みで，1枚のCDに１時間の映像を記録できるためVideo-CDなどに用いられて普及している。

［MPEG 2］
放送や通信などにも利用できる高品位な映像をめざして標準化された。3～10Mbpsで，映像内容によってビットレートを変えるVBRにも対応している。ビデオDVDや地上波・衛星デジタル放送などに使われるのはこのMPEG 2形式であり，広く普及している。

［MPEG 4］
インターネット上での放送やテレビ電話，DVDなどさまざまな用途で用いることを念頭において，高圧縮率と高画質を両立させる符号化規格として策定された。さまざまな転送レートや映像品質に対応できる柔軟性を持つ。画像の内容をオブジェクトという部品に分解して，差分を記録する高度な圧縮を実現している。しかし，多様な要求に応えるために，技術の大枠だけを示す規格になり，細かい規格は用途ごとに別々に規格化（プロファイル）されている。そのため，MPEG 4に準拠していながら，いくつもの形式（コーデック）が存在するため，同じMPEG 4と名前が付いていても，互換性が低いという問題がある。

(2)デジタル動画映像の圧縮と規格

　通常の動画像データは1秒間に30コマの映像（フレーム）を連続して呈示することで，動画映像が表現される。この割合をフレーム・レートとよぶ（ちなみに映画は1秒間に24コマ）。これらをすべて静止画像データの連続としてパラパラアニメのように表現すると，短時間でもとてつもない量の画像データが必要になる。映像データをコンピュータやインターネット上で扱うためには，画像の品質をできるだけ落とさずに，小さなサイズに圧縮する技術が必要になる（表3-5）。

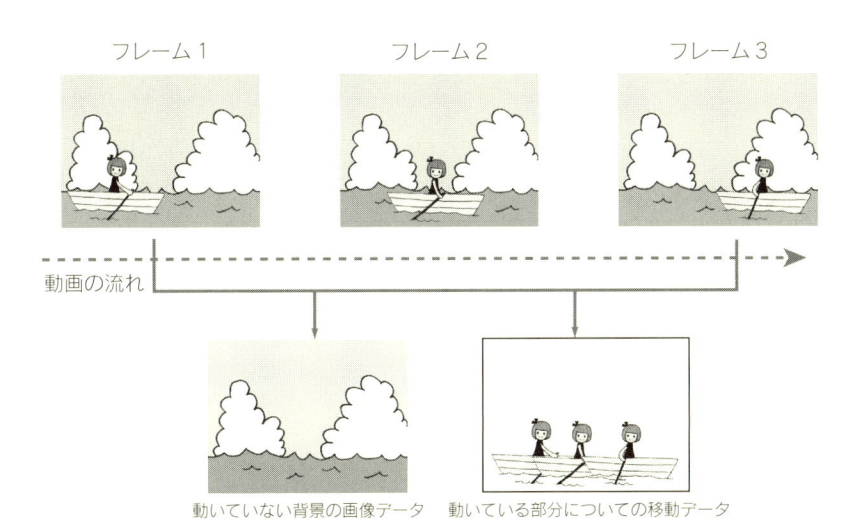

図3-20　動画データの差分を使って高圧縮を実現するMPEG符号化のしくみ
まず時間軸に沿って変化する画像データを，動いている部分と動いていない部分に分ける。そして，動いた部分については，前画像からどの方向へどれだけ動いたかのデータを記録（動き補償）し，動かない部分は同一データ使うことでデータ量を大幅に圧縮することができる。（イラスト：清水志乃）

【引用文献】

有本祝子・岡村美和　2002　わかりやすい色彩と配色の基礎知識　永岡書店
磯　博　1996　ディジタル画像処理入門　産能大学出版部
Rock, I. 1984　Perception. N.Y.: Scientific American Books.
Newhall, B. 1967　Latent Image. N.Y.: Doubleday & Company. 小泉定弘・小斯波泰

(訳) 1996　写真の夜明け　朝日ソノラマ

第2部
新しいメディアと生活の利便性

　新幹線の切符を買うとき，あなたは，自動販売機を利用しますか，それとも，窓口に並びますか？

　「機械相手はどうも信用できない」という人は，列が長くても係員のいる窓口に向かわれるのではないでしょうか。逆に，「知らない人とのコミュニケーションは苦手」という人は，探してでも自動販売機で切符を購入されるかもしれません。

　私たちは現在，社会のシステムそのものが大きく変わりつつある時代に生きています。私たち一人ひとりの生活も，新しいメディアの活用しだいでは，便利になることもあれば，思わぬトラブルに巻き込まれることも起こってきます。

　本書第2部では，新しいメディアと人間の関係をスムーズにするには，何が大切であるかのヒントが随所に散りばめられています。このメディア社会で，私たちがじょうずに生きていくためのコツも読み取っていただけるものと思います。

4章 インターネットを通しての情報活用
——何でもあるけど,本当に必要なものはめったにみつからない

翔太：最近，ウチの大学でも，インターネット
　　　ができるようになったんだぜ。
愛　：これで，翔太の卒論の資料探しも
　　　はかどるってもんね。
翔太：えっ？　インターネットって，
　　　資料，探したりもできるのか？
　　　そういうのって，図書館にいかないと
　　　無理なんじゃないの？
愛　：なに言ってるのよ。
　　　エッチなホームページを見てまわる
　　　ために大学がインターネットを入れる
　　　わけないじゃない。
翔太：どうもおかしいと思ったんだ。
　　　じゃあ，インターネットで，
　　　どうやって資料探しするんだよ？
愛　：やれやれ。エッチなホームページは
　　　自分で探し出せるくせに…。

1　求められるリテラシーの変化

　コンピュータやインターネットが特別なものでなくなった現在，私たちにはつい数十年前，いや，数年前には考えてもみなかったようなリテラシー（literacy）が必要になってきた。リテラシーとは人が社会の中で生活していくために必要な基本的な能力のことで，従来は文字通り基本的な読み書きの能力をさすことばであった。しかし，映画やTVなどの映像メディア，コンピュータやインターネット，そのほかさまざまなデジタル機器などが，次つぎと開発され普及するのにともない，人々に求められるリテラシーの範囲はどんどん広がってきた。そこで，読み書きに関するものを言語リテラシー，情報の検索や活用

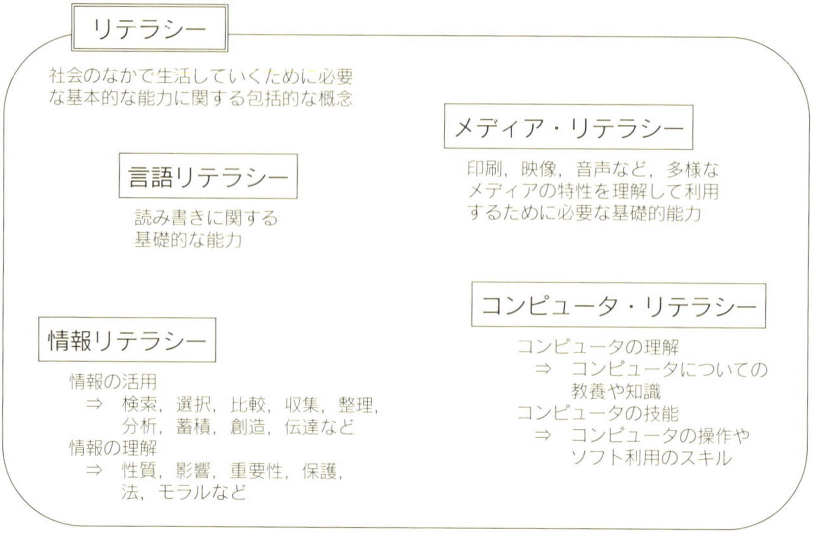

```
┌─ リテラシー ──────────────────────────────┐
│  社会のなかで生活していくために必要              │
│  な基本的な能力に関する包括的な概念              │
│                                              │
│                    ┌─ メディア・リテラシー ──┐  │
│                    │ 印刷，映像，音声など，多様な │  │
│    ┌─ 言語リテラシー ──┐ │ メディアの特性を理解して利用 │  │
│    │ 読み書きに関する    │ │ するために必要な基礎的能力   │  │
│    │ 基礎的な能力       │ └─────────────────┘  │
│    └───────────┘                           │
│                    ┌─ コンピュータ・リテラシー ─┐ │
│                    │ コンピュータの理解          │ │
│    ┌─ 情報リテラシー ──┐ │  ⇒ コンピュータについての │ │
│    │ 情報の活用         │ │       教養や知識       │ │
│    │  ⇒ 検索, 選択, 比較, 収集, 整理, │ コンピュータの技能       │ │
│    │    分析, 蓄積, 創造, 伝達など   │  ⇒ コンピュータの操作や │ │
│    │ 情報の理解                 │     ソフト利用のスキル   │ │
│    │  ⇒ 性質, 影響, 重要性, 保護,    └─────────────┘ │
│    │    法, モラルなど                                  │
│    └───────────────────┘                         │
└──────────────────────────────────────────┘
```

図4-1　リテラシーの概念

に関するものを情報リテラシー，各種メディアの特性の理解や利用に関するものをメディア・リテラシー，コンピュータの使用に関するものをコンピュータ・リテラシー*などとよんで区分している。これらの包括的な概念がリテラシーであると考えればよいだろう（図4-1）。

　リテラシーは，個々人の職業や所属する社会・文化などによっても異なる。とくに近年では，主たる情報源が書籍や雑誌などの印刷メディアから，CDやDVDといったデジタルメディアへ，さらには，インターネットによる全世界的なデータベースへと移行しつつあることから，これらの使用および膨大な情報の検索と利用のために，コンピュータ・リテラシーや情報リテラシーが非常に重要なものとなっている。インターネット上には多くの情報が無秩序に存在しているため，自分に必要な情報を効率よく検索して入手すること，また，そこに潜んでいる危険を知ることが必要である。

2 情報通信インフラ*としてのインターネット

⑴**インターネットとは**

　コンピュータを単独に使用するのではなく、ほかのコンピュータと接続して互いの資源（ハードディスク内のデータ、プリンタなど）を利用するような形態がネットワークである。パソコンを2台つないだだけでもネットワークだし、「ホームサーバ」でどの部屋からでも録画した番組を見ることができるのも家庭内の小さなネットワークである。インターネットとは、世界中に散らばるコンピュータが相互に接続しあった、世界規模の巨大なネットワークである。もともとは大学や研究所など、研究・教育機関の個別のネットワークを相互接続したものが世界中に広がった、いわばネットワークのネットワークであった。それが行政の後押しと民間の参加によって爆発的に普及し、今や生活基盤のひとつとなっている。インターネットでは、どれかひとつのサーバが全体を支配するのではなく、数え切れないほどのコンピュータが協調して大きなシステムを作り上げているのである（図4-2）。

　一般家庭では今でもADSLなど電話回線を通してインターネットに接続する

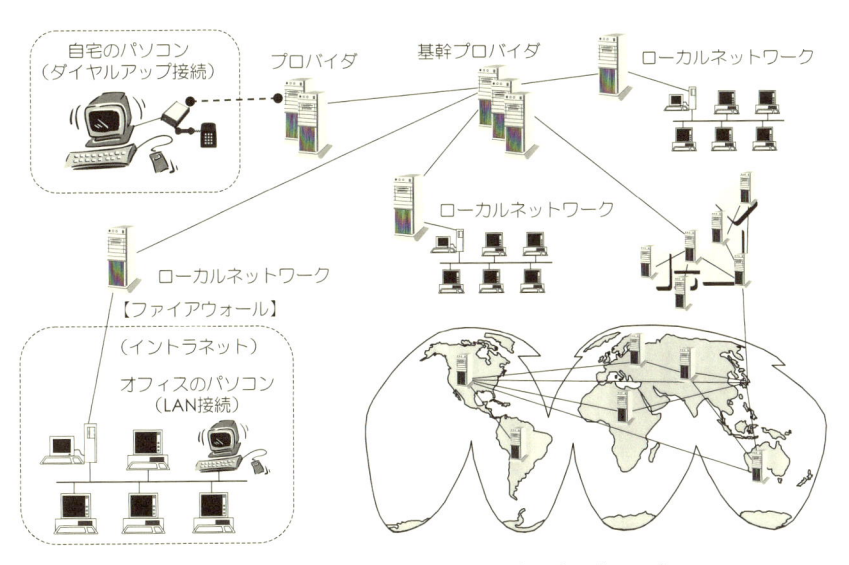

図4-2　インターネットはネットワークのネットワーク

ことが多いため，インターネットを電話の延長として理解している人も多いだろう。しかし，実態としては，インターネットが情報通信のインフラとして整備され，電話がそこに相乗りするような形に変わってきている。050で始まる電話のように，末端のみ電話回線を使用したり，光電話のように完全にインターネット回線のみで使用される電話も増えている。つまり，電話の音声もまた，インターネット上を流れる情報の一部にすぎなくなりつつある。

(2)**インターネットで何ができるのか**

　ところで，インターネットの活用と口でいうのは簡単だが，あまりに展開が速すぎて，いったいどんなサービスが行なわれているのかを把握することすらむずかしい。私たちは，何を，どのように活用していけばよいのだろうか？　表4-1に，インターネット上で行なわれている主なサービスをあげる。みなさんは，このうち，いくつ利用しているだろうか？

　今や，インターネットを通じて，このような数多くのサービスをより容易に，また，安価に受けることができるようになった。しかし一方で，コンピュータ・リテラシーや情報リテラシーの有無，あるいは地域格差や経済格差によって，

表4-1　インターネットで展開されているサービスの例

販売・取引など
バンキング
オークション
音楽や動画のダウンロード販売
シェアウェアや一般ソフトのダウンロード販売
演奏会，劇場等のチケット予約
JR・航空券等の予約
ホテル・旅館の宿泊予約
その他のショッピング（書籍，食品，衣料，器機など）
情報提供など
メールマガジン
インターネットTV
インターネットラジオ
クーポン付きの店紹介
地図・経路案内
メール，ホームページ，ブログなどの無料提供
音楽・動画等のサンプル視聴
フリーウェアや試用版ソフトの提供

こうした「利益」を得られる人と得られない人が生まれるという、「情報デバイド*」なる現象も起こっている。個人の努力ではいかんともしがたい格差については、行政や企業にもこれを解消していく責任があるといえる。

3　インターネットにおける情報の発信

(1)ホームページとは何か

　インターネット＝ホームページというくらい、ホームページは日常のものになりつつある。企業広告や学校案内などでも当然のようにホームページのアドレスが載っている。懸賞もホームページにアクセスして、ということが増えてきた。しかし、インターネットの全体像を理解するのが意外にむずかしいのと同じように、ホームページの概念も当初にくらべて広くなり、一言では表わしにくい。ここでは、最も基本的なホームページの概念を簡単に説明しておきたい。

　ホームページは、html*という言語によって記述されたハイパーテキスト*である。言語というとむずかしそうだが、要は、ここの文字列を大きくしろとか、ここに画像を表示させろとか、あっちのホームページに跳んでいけ、といった命令（タグ）が、文章の中に埋め込まれているだけである。また、ハイパーテキストとは、あるテキストから別のテキストにジャンプし、そこからさらに別のテキストに行くことができるような、複線的な構造をもったテキストである。ホームページでは文字だけでなく、画像や動画、音楽など、さまざまな内容を、ハイパーテキストに織り込んでいく。作成は、ワープロで文章を書きイラストや写真を貼り付けていくのに似ている。違うのはリンクを埋め込むことくらいである。したがって、ハイパーテキスト構造さえ理解できれば、比較的簡単に作ることができる（図4-3）。

　通常の書籍や映画などは直線的な構造なので、基本的に前から後ろに向かってすすんでいき、ゴールは1つである。しかし、ホームページは複線的な構造をもっているので、リンクをたどってほかのホームページに自由自在に跳ぶことができるし、決まったゴールもない。世界中にクモの巣のようにホームページのリンクが張り巡らされているので、これをWorld Wide Webという（縮め

http://web.kyoto.or.jp/tani/index.html の内容（架空URL）

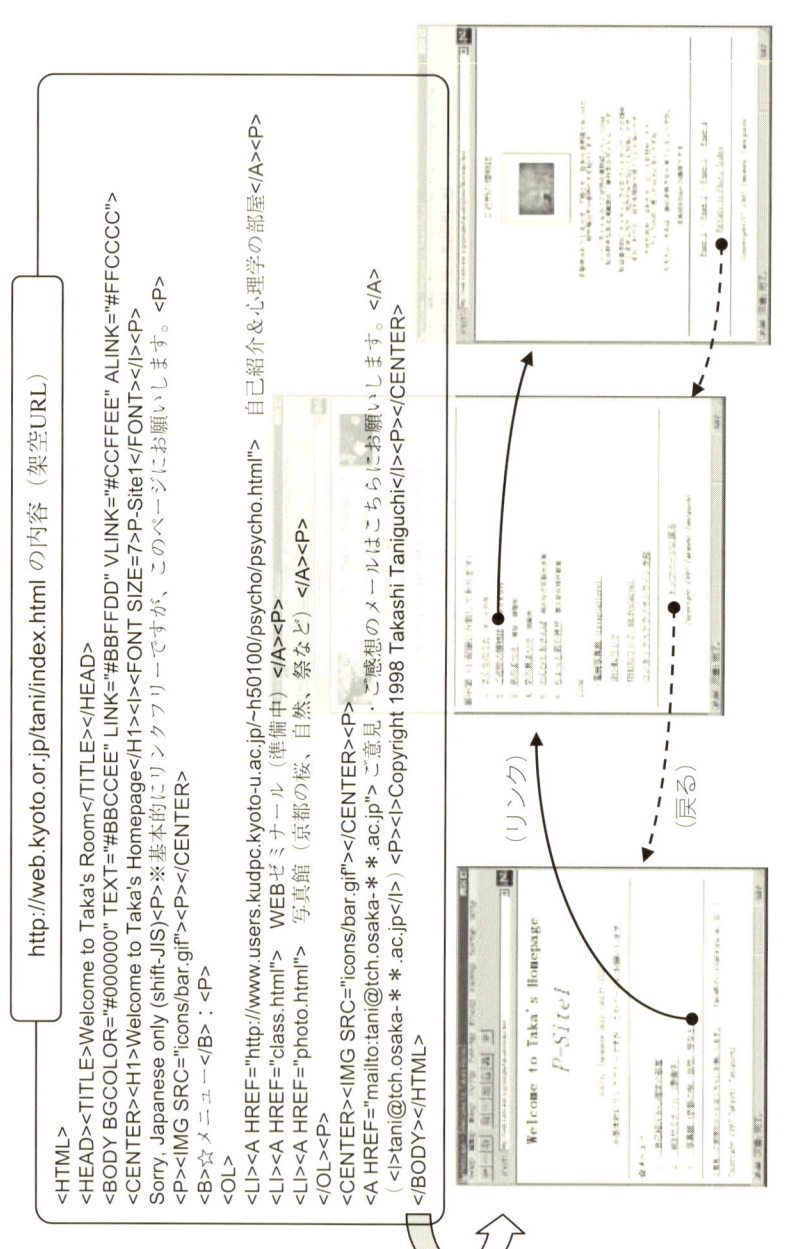

```
<HTML>
<HEAD><TITLE>Welcome to Taka's Room</TITLE></HEAD>
<BODY BGCOLOR="#000000" TEXT="#BBCCEE" LINK="#BBFFDD" VLINK="#CCFFEE" ALINK="#FFCCCC">
<CENTER><H1>Welcome to Taka's Homepage</H1><I><FONT SIZE=7>P-Site1</FONT></I><P>
Sorry, Japanese only (shift-JIS)<P>※基本的にリンクフリーですが、このページにはお願いします。<P>
<B>☆メニュー</B>：<P>
<OL>
<LI><A HREF="http://www.users.kudpc.kyoto-u.ac.jp/~h50100/psycho/psycho.html">自己紹介＆心理学の部屋</A><P>
<LI><A HREF="class.html">　WEBゼミナール（準備中）　</A><P>
<LI><A HREF="photo.html">　写真館（京都の桜、自然、祭など）　</A><P>
</OL><P>
<CENTER><IMG SRC="icons/bar.gif"></CENTER><P>
<A HREF="mailto:tani@tch.osaka-＊.ac.jp">ご意見、ご感想のメールはこちらにお願いします。</A>
（<I>tani@tch.osaka-＊.ac.jp</I>）<P><I>Copyright 1998 Takashi Taniguchi</I><P></CENTER>
</BODY></HTML>
```

（リンク）

（戻る）

図4-3　ホームページはhtmlで記述されたハイパーテキスト

てWWWとかWebなどとよばれる)。

　ホームページの技術は，インターネット以外の場面でも活用することができる。教育現場なら教材の作成や提示，児童・生徒による学習成果の発表，ポートフォリオ作りなどに応用できる。また，博物館や美術館の館内案内や，バーチャル展示場などにも利用される。いずれも専用ソフトもあるが，安価に，また汎用性の高いプレゼンテーションを作成するには，規格が公開されていてプラットホームを選ばないホームページには，大きなメリットがある。

(2)ホームページを見る

　各ホームページは，インターネット上での固有の住所（アドレス）をもっている。これをURLといい，

　　　　http://web.kyoto.or.jp/tani/index.html

のように表わす。最初の「http://」は，httpという仕組みを使うことを明示するもので，ここではホームページを見るためのおまじない程度に考えておいたらよい。次の「/」まではサーバ名で，そのホームページが置かれているサーバを示している。その後はそのサーバ内のディレクトリがいくつか続き，最

Firefoxではページをタブ表示にすることができる。
(windowにすることもできる)

図4-4　Internet Explorer（左）とFirefox（右）の画面

後がファイル名である。最後のファイル名は省略されることもある（その場合にはindex.htmlなどが自動的に読み込まれる）。なお，一般に，あるホームページの中で最上位にある（最初にアクセスされる）ページを，トップページとかメインページなどという。

ホームページを見るためには，ブラウザ*とよばれるホームページ閲覧ソフトが必要である。Windows付属のInternet Explorer（IE）が多く使用されているが，Netscape，Opera，Firefoxなど，それぞれ特徴をもったブラウザをインターネットでダウンロード*して使うこともできる。

インターネットに接続したパソコンでブラウザを起動させ，「Location」「URL」と書いてある横の空欄に見たいホームページのURLを入力すれば，そのホームページが表示される（図4-4）。

(3)新しい発信の形…ブログ

ところで，ブログという言葉を耳にしたことはないだろうか？　ブログ（blog）とは，もともとwebのlog，つまりホームページの内容履歴から発展したもので，日記と覚え書きにコメントがつけられるような，新しいタイプのホームページである。ブログ提供サイトで一定の手順を踏めば，htmlをはじめホームページに関する知識などまったくなくても，ホームページを開設できる（図4-5）。内容の書き込みやページのデザイン，画像の転送など，ほとんどの作業

図4-5　ブログの例
（NiftyServeのcocolog）

は，インターネットで自分のブログページにログインして行なう。また，自身による書き込みだけでなく，見てくれた人からのコメントなども含めてダイナミックに更新される。従来のホームページやweb日記などとの大きな違いは，「トラックバック」とよばれるしくみが採用されていることである。

もちろん，お仕着せのデザインに飽き足らない人は，自分でブログのプログラムをカスタマイズして，オリジナリティあふれるページを作ることもできる。その場合は，当然，ホームページに関する詳しい知識も必要になる。

4 インターネットによるコミュニケーション

(1)今や電話に変わるツールとしてのメール

　インターネット上での手紙に相当するのがメール（mailあるいはe-mail）である。メールは，自分のメールボックス*があるメールサーバ*と，相手のメールボックスがあるメールサーバの間にある多くの中継点を，リレーのように次つぎと経由して届けられる（メールだけではなく，インターネット上のデータはすべてリレー方式で運ばれている）。国内では数秒から数十秒，国外でも数十秒から数分程度で相手に届くが，ネットワークが混雑していたり，遠回りをしたりして，思いがけず時間がかかることもある（図4-6）。

　メールを利用するには，メールアカウント（あるいはID）と，メールを読み書きするためのメールソフトが必要である。popとよばれるプログラムを通してユーザ認証を行ない，メールの送信や受信を行なう。メールソフトには，あらかじめメールサーバのアドレス，ユーザアカウント，パスワード*などを入力しておく（ただし，他人と共有している場合には，パスワードは面倒でもその都度入力するように設定しておくこと）。パソコンをインターネットに接続してメールソフトを起動すれば，メールサーバとのやりとりはメールソフト

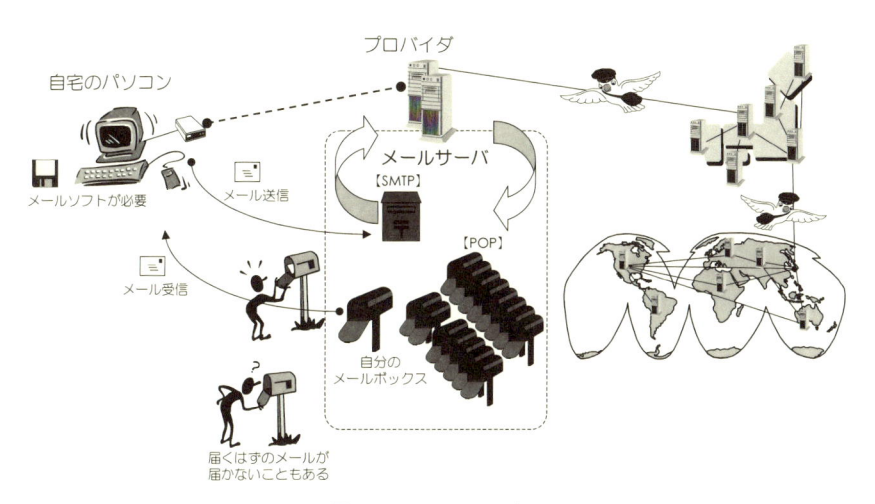

図4-6　メールのしくみ

が勝手にやってくれる。

　携帯電話の場合は、メールの利用申し込みとともに自動的に各種設定がなされるし、メールソフトも内蔵されているが、基本的なしくみはパソコンの場合と同じである。

　メールの差出人や受取人には、郵便と同様に住所が必要である。これをメールアドレスという。メールアドレスは、次のような形である。

　　　　tani@tch.osaka-＊＊.ac.jp（架空のアドレス）

　＠（アット・マーク）の前がメールアカウント名、後がドメイン名（一般に、＠サーバ名．組織名．種別．国名）となっている。上記の例では、taniが筆者のアカウント名、jpが日本、acが教育機関、osaka-＊＊が大阪学○大学、tchがサーバの名前を表わしている。ただし、最近では国名などがつかないドメインも多い。

　なお、メールソフトではなくブラウザでメールを読み書きするしくみもあり、webメールとよばれている。メールサーバによって、popのみのもの、popとwebメールの両方が可能なもの、webメールのみに対応しているものがある。yahooメールやhotmailなどの無料メールサービスでは、基本的にwebメールで、popは有料サービスであることが多い。webメールのメリットは、インターネットにつながっていれば、世界中のどのパソコンからでもブラウザでメールの読み書きができることである。

　最近では、若年層に限らず、携帯電話でメールの読み書きをしている姿を頻繁に目にする。もはやメールは日常的なコミュニケーションツールである。文字が主体であるが、写真をいっしょに送ったり（ファイル添付）、絵文字をつけたりと、以前にくらべると表現の幅もかなり広がっている。電話と違って相手の都合に関係なく発信することができるし、どこでも受信することができる。海外の友人や会社とのやりとりなども、時差を気にすることなく好きな時間に自由に行なうことができる。

　パソコンのメールを使えば、ほとんどどのようなファイルも添付できるうえ、かなり大容量のものも可能になっている。したがって、離れたところに住んでいる複数の著者が、随時互いの原稿を交換してチェックしあいながら本を作るのも簡単である。あるいは、教員が学生との連絡にメールを使うことで、発表

原稿の事前チェックや質疑応答が自宅からでもできる。また，企業でも，印刷して配布していた会議の資料や稟議書をメール配信にすることで，時間と資源の無駄を省こうとしている。すべてを対面式の会議にするのではなく，通常の連絡事項や協議事項はメーリングリスト（次項参照）で関係者に配信して議論し，重要な案件や最終決定のみ会議を招集するという形になりつつある。

　メールというシステムは，インターネットのなかでも最も初期から使われており，徐々に進化してきた。非常にシンプルなシステムではあるが，その顕在的・潜在的な能力は大きい。たとえば，直接コミュニケーションの苦手な人や，音声でのコミュニケーションができない人でも，他者とのやりとりをするうえでの敷居が低くなるといったことである。今後，メールの利用価値はますます高まっていくに違いない。一方で，迷惑メール，スパムメールの増大や，信書の秘密をどこまで守ることができるのかという，セキュリティ*上の問題も抱えており，大きな課題となっている（表4-2）。

表4-2　他の通信手段と比較したメールの利点と欠点

利　点
  (1) 相手に通信文が残る（←電話）
  (2) 返事を書く際に通信文を引用しやすい（←郵便，ファクシミリ）
  (3) いつでも送信することができ，受信者が都合のよいときに読み出すことができる（←電話）
  (4) 通信費が非常に安い（←電話，ファクシミリ）
  (5) 短時間で相手に届く（←郵便）
  (6) メールサーバにアクセスできれば，どこにいても受信できる（←郵便，ファクシミリ，固定電話）
  (7) ファイルそのものを送受信することができる（←ファクシミリ，電話）
  (8) 省資源である（印刷しなければ）（←郵便，ファクシミリ）

欠　点
  (1) セキュリティが弱く，通信内容が第三者に筒抜けである
  (2) メールが行方不明になることがある
  (3) 出したメールが相手に届いたか，また相手がそれを読んだかどうかが確認できない
  (4) 発信者がわからないような不正なメールを容易に出すことができる
  (5) 転送が容易なためにチェーンメールが発生しやすい
  (6) 文字中心なので微妙な表現を伝えにくい
  (7) リアルタイムなコミュニケーションではない
  (8) コンピュータおよびインターネット利用可能な環境が必要
    （携帯メールやモバイル環境の発展にともなってこの欠点は減じている）

(2) メーリングリストを活用する

　メーリングリストとは，1対1のメールのやりとりではなく，代表のアドレスにメールを出すことで，差出人本人を含む登録メンバーすべてに同じメールを配送する，一種の同報通信である。メーリングリストには，一般に公開されているものと，非公開のものとがある。業務に用いるのは基本的に非公開のメーリングリストである。公開メーリングリストに参加するには，申込用のメールアドレスにコマンドメールを出すか，主宰者に申し込みを行なう。登録は自動で行なわれるものと，主宰者が手動で行なうものとがある。

　メーリングリストにはいくつか注意しなければならない点がある。まず，それぞれのメーリングリストは，目的やメール内容について固有のルール（ローカル・ルール）をもっている。メーリングリストもひとつの社会であり，メンバーはそのルールに従わなければならない。とくに，個人攻撃を行なわない，メーリングリスト内の通信内容を許可なく外部に漏らさない，不用意にバイナリファイル*の添付を行なわないなどは，多くのメーリングリストに共通するルールである。

　また，なかには一日に100通以上ものメールが配送されるようなメーリングリストもある。メールボックスの容量に限界がある場合などは，メールボックスがあふれてエラーメールとなり主宰者に戻っていくので，多大な迷惑をかけることになる。こまめにメールを読み出すようにしたい。長期間の休暇や出張でメールを読み出せない場合や，メールアドレスが変更になる場合なども同様で，これらの場合には一時的に退会手続きをとる必要がある。

　このような点に配慮したうえで，各分野の専門家で作るメーリングリストや，趣味のサークル的なメーリングリストをうまく使えば，研究にも仕事にも，そして遊びにも，大いに役に立つだろう（表4-3）。

表4-3　メールによるサービスの例

名　称	URL	内容・特徴
学術人文系日本語メーリングリスト	http://y7.net/u/mlj.html	人文系のメーリングリスト
月刊ML紹介	http://mlnews.com/jp/	さまざまな分野のメーリングリスト
まぐまぐ	http://www.mag2.com/	メールマガジン総合発行サイト
melma	http://www.melma.com/	メールマガジン総合発行サイト

なお，メーリングリストは基本的に双方向のコミュニケーションであるが，一方的に情報をメールで送ってくれる「メールマガジン」というものがある。メールマガジンには必ず発行者がいて，マスコミやメーカーなどが発行するニュースや製品情報などのメールマガジン，個人が発行する特定の話題を扱うメールマガジンなど，さまざまなものがある。活動記録やマニフェストを掲載したメールマガジンを個人で発行している政治家もいる。情報を得る手段として利用してみるのもおもしろいだろう。

(3)ネット掲示板の光と影

やや乱暴な定義だが，ホームページが教養・娯楽テレビ番組，メールが郵便だとすると，ネット掲示板はその名のとおりインターネット上にある掲示板である。メールが個人間のコミュニケーションを基本にしているのに対して，ネット掲示板は不特定多数の利用者が情報を共有する手段である。ネット掲示板には，個人が開設して特定の話題について情報交換する小さなものから，ビジネスとして運営され多くのテーマに分かれた「板」をもつ総合的で巨大なもの（たとえば「2チャンネル」）まで，さまざまな規模や形態がある。

公開されているネット掲示板の閲覧は自由である。記事の「投稿」もだれでもできることが多いが，制限つきの場合もある。もちろん，質問に対して親切な人が丁寧に答えてくれることはあるし，専門的な内容について深い議論が行なわれることもある。しかし，多くの場合，有用な情報は，多大な書き込みの中に埋没しているか，あるいはまったくないかもしれない。だれかが答えてくれるのが当然などと思ってはならない。また，書き込みがすべて正しいわけではない。専門的な話題の掲示板だからといって，必ずしも専門家が書いているわけではない。憶測記事や誤解，偏見や中傷も多いし，「あらし」とよばれる妨害の書き込みのほうが多い掲示板もある。内容の真偽判断は，あくまで読み手の責任で判断するしかない。

5 インターネットによる情報の検索：本当に必要な情報はみつかるのか？

⑴インターネットは情報の洪水

　インターネットに接続しさえすれば，だれでも効率よく幅広い正確な情報を検索することができ，しかも時間も費用も節約できるという誤解（むしろ幻想）が，いまだにあるようだ。インターネットが普及しはじめたころは，リンクをたどってホームページを渡り歩くことが「ネットサーフィン」とよばれ，もてはやされていた。ADSLやFTTHで家庭でも高速通信が可能になった現在，もはやネットサーフィンはリモコンでテレビのチャンネルを変えるくらいにあたりまえになった。しかし，目的のないネットサーフィンは，ただ情報の海に漂い，時間を浪費することにつながりかねない。

　インターネットで公開されている情報のほとんどは，あなたにとって無用のものである。圧倒的な量の情報のなかから本当に必要で有用な情報を探すのは，とてもむずかしい。まさに砂漠で１本の針を探すようなものだ。リンクをクリックしているだけで有益な情報にめぐりあう確率はゼロに近い。では，インターネットで自分の求める情報を探すには，どうしたらよいのだろうか。

　ここでは，ホームページの検索について紹介する。おもな手段は２つある。ひとつはホームページの検索サービスを利用すること，もうひとつは特定分野のリンク集を利用することである。

⑵ホームページ検索サービスを利用する

　ホームページ検索サービスには，大きく分けて２種類ある。ひとつは，検索ロボットとよばれるソフトウェアを使って，自動的に世界中のホームページの情報を収集し，検索のための索引を作成するロボット型検索サービスである（表4-4）。一般にかなり情報量が多いが，逆に検索キーワードをうまく使わないと，ほとんど関係のないホームページばかりヒットしてしまうという欠点もある。キーワードの使い方はサービスによって若干異なるので，説明をよく読み，ある程度試行錯誤しながらこつをつかんでいくしかない。とくに，複数のキーワードの組み合わせのノウハウは，効率よい検索には欠かせない。

　もうひとつは，ディレクトリ型検索サービスとよばれるもので，自己申請に

基づく手動登録タイプのものが多い。登録申請を受けたホームページを実際に見たり，申請に沿えられた説明によって，登録の可否を判断したり掲載分野を決めたりする。分野別に整理され，階層構造になっていることが多いので，初心者でも検索しやすい。また，キーワードによっても検索できるようになっているところもある。しかし，学術関連のページは比較的少ないので，研究のための情報を得るにはあまり適していないかもしれない。ホームページが増えすぎて，手動での収集や整理が困難なこともあり，ロボット型とディレクトリ型を融合させたようなサービスもある（Yahooは，ディレクトリ型であったが，2005年末にロボット型との併用となった）。

表4-4　代表的な検索サイト

ロボット系検索サービス

名　称	URL
Google	http://www.google.co.jp/
goo	http://www.goo.ne.jp/
エキサイト	http://www.excite.co.jp/
フレッシュアイ	http://www.fresheye.com/
Verno	http://verno.ueda.info.waseda.ac.jp/

ディレクトリ型検索サービス

名　称	URL
Yahoo Japan!	http://www.yahoo.co.jp
J.O.Y.	http://joyjoy.com/JOY.html
Infoseek Japan	http://www.infoseek.co.jp/
MSN	http://www.msn.co.jp/

子ども向け検索サービス

名　称	URL
キッズgoo	http://kids.goo.ne.jp/
Yahooきっず	http://kids.yahoo.co.jp/

(3) リンク集を利用する

　一方，リンク集とは，その名のとおり，多くのURL情報を集めてリストにしたものである。個人のホームページでも，その人が関心をもっているテーマのリンク集を作って公開していることがある。よく整理された分野別のリンク集は，効率よく目的のホームページを探すのにはとても便利である。さきに紹介したディレクトリ型サービスは，いわば分野別リンク集の巨大な集合体である（表4-5）。

　検索サービスや公開リンク集を利用してホームページを閲覧し，そこからリンクをたどってまた別のホームページに行く。そうして見て回るなかで，気に入ったもの，役に立ちそうなものを記録しておく（ブラウザの「ブックマー

表4-5 さまざまなリンク集の例

名　称	URL	内容・特徴
日本のサーチエンジン	http://www.ingrid.org/w3conf-bof/search.html	検索サービスページの一覧
生活情報リンク集	http://www.watch.impress.co.jp/internet/www/life/	生活情報のページを収集
NACSIS Webcat	http://webcat.nii.ac.jp/	書籍データベースのWWW検索
日本の図書館	http://www.tulips.tsukuba.ac.jp/other/japan.html	海外の図書館情報も豊富
日本の図書館と目録サービス	http://ss.cc.affrc.go.jp/ric/opac/opac.html	大学図書館とOPACのリスト
国内の大学図書館	http://www.libra.titech.ac.jp/libraries_Japan.html	地域別大学図書館リスト
心理学・認知科学の情報サーバ	http://ke.shinshu-u.ac.jp/psych/	世界中の心理・認知系サーバ
Vector Software PACK	http://www.vector.co.jp/	各種OS用オンラインソフト集
窓の杜	http://www.forest.impress.co.jp/	Windows用オンラインソフト集
加盟新聞ホームページ	http://news.kyodo.co.jp/info/link1.html	共同通信加盟新聞社のリンク集
新聞社リンク集	http://www.hir-net.com/link/np/	個人作成の日本全国の新聞社リンク集

ク」や「お気に入り」などを利用する）。時どきブックマークを編集して，自分の専門分野，趣味の分野，役に立つページなど，自分だけのリンク集を作っておくとよい（図4-7）。ついでにこれをhtmlファイルにしておき，ブラウザを起動したときのオープニングページにしておくと便利である。

　ブログではあらかじめ「マイリンク」などの機能が用意されておりリンク集を作りやすいため，そのページで扱っている複数の話題についてリンクを紹介

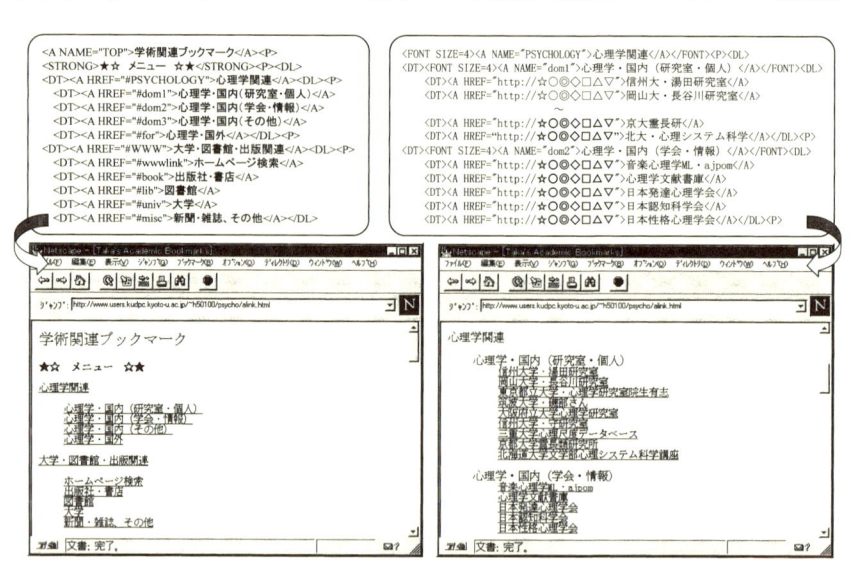

図4-7　個人で作るリンク集の例（リンク先のURLは実際のものとは異なる）

表4-6 Googleでのキーワード設定のポイント

・できるだけ具体的なキーワードを用いる
・複数のキーワードを組み合わせる
・「～とは」などの語をうまく利用する
・" "で囲んでフレーズを検索する（ことわざや固有名詞など）
・AND（かつ）とOR（または）を使い分ける
　（Googleでは基本的にすべての語を含むページを探すAND検索となっている）
・－を使ってそのキーワードが「含まれない」ようにする
・Google独自の特殊なコマンドを使うか、「詳細検索」

詳細は，http://www.google.co.jp/intl/ja/help.htmlを参照のこと。

しているものも多い。

(4) Googleを使って情報を探す

　それでは，実際にホームページを検索するやり方を，具体例をあげて説明しよう。ここでは，利用されることの多い「Google」を使ってのホームページ検索を簡単に紹介する。

　Googleには膨大な情報が収集されているため，キーワードにどのような語を指定するか，複数のキーワードをどのように組み合わせるか，あるいは，どんなキーワードを除外するかなど，検索条件の設定が効率的な検索のための鍵となる。そのポイントを表4-6にいくつかあげておこう。

　たとえば，Googleの詳しい使い方を調べてみよう。〔Google〕というあまりに一般的なキーワードでは，大量のURLが

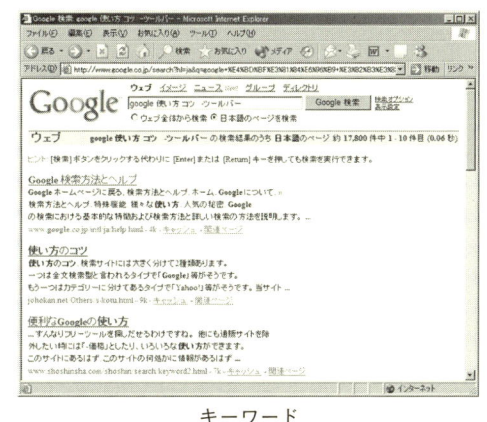

キーワード
〔Google 使い方　コツ -ツールバー〕

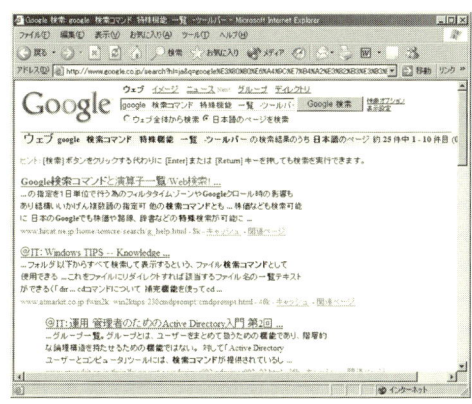

キーワード
〔Google 検索コマンド 特殊機能 一覧 -ツールバー〕

図4-8　Googleによる検索例

ヒットしてしまう（約650万件／2005年1月時点）。そこで，より具体的に〔Google　使い方　コツ　－ツールバー〕と，先頭の3つの語が含まれるが「ツールバー」は含まないページのみを検索すると，ヒットするページは約1.8万件まで絞り込まれた。〔Google　使い方のコツ　－ツールバー〕とすると，ヒット数は約1,800件まで減るが，トップにあった肝心のGoogle内のヘルプページは消えてしまった。さらに，ちょっと凝った使い方を探すために，〔Google　検索コマンド　特殊機能　一覧　－ツールバー〕としてみると，25件まで絞り込むことができたが，検索結果は異なっている（図4-8）。

(5)的確な検索は知識を構造化する

　このように，キーワードの指定のしかたしだいで，検索効率や検索結果は大きく変わる。このことはすべてのホームページ検索サービスで同様であり，さらにはデータベースによる検索全般にいえることである。情報を探すには，自分が何を調べているのかが明確でなければならない。はじめは漠然としたイメージでもかまわないが，その場合でも思いつく限りのキーワードをあげていって，そのなかから自分の興味に適合したものを使い，組み合わせていく必要がある。組み合わせ方しだいでは，肝心の情報を逃してしまうこともあるからむずかしい。

　情報検索は，インターネットやデータベースを使いこなす単なるテクニックではない。情報検索の過程は，曖昧なイメージを具体化して自分の頭のなかを整理していく過程であり，知識を構造化していく過程である。思考方法の改善にもなり得るだろう。しかし，それはまた，思考に対する制約ともなりかねないことに留意してほしい。つまり，「たまたま」みつかった情報に縛られてしまい，その枠のなかでしか物事を考えられなくなってしまうこともあるからだ。肝心なのは，情報は手に入れるために探すのではなく，活かすために探すということだ。情報入手が自己目的化しないよう，また，入手した情報に縛られないよう，くれぐれも気をつけてほしい。

(6)RSSを利用してみよう

　RSS（RDF Site Summary）といわれても，何のことかわからない人も多いか

もしれない。しかし，新聞社などのニュースサイトを訪れたことがある人なら，実は「RSS」（「RDF」「XML」になっていることもある）という小さなボタンを目にしているし，知らないうちに利用しているのである（図4-9）。RSSは，ホームページに埋め込まれた見出しや要約などの情報（メタデータ）が，一定の約束に従って構造化して書かれたもので，更新情報を公開するのに用いられる。製品カタログのようなもので，情報の分類や検索などを自動化し，効率を向上させる。この情報を読み取るためのソフト（RSSリーダー）を使って，関心のあるサイトを登録しておけば，常に更新情報をチェックして最新情報を入手することができる。まだ新しい技術なので，気軽に利用するのはもう少し先の話かもしれない。

(7) **インターネット上の情報は信頼できるのか**

　インターネットが研究情報の交換の場であった時代は過去のものである。現在のインターネットは，ほとんど無法地帯であり，カオスである（研究者がすべて良心的で統制がとれているといいたいわけではない）。インターネットにおける匿名性と情報発信の平等性が，その大きな原因である。だれでも情報を発信できるということは，裏を返せば，玉石混淆の雑多な情報が氾濫しているということでもある。私たちはそのなかから良質かつ必要な情報を探し出さなければならない。

　情報インフラだけがまさに屋上屋を架し，法の整備や使用者のリテラシーは，インターネットの発展に追いつかない状況が続いている。悪質商法，請求詐欺，スパムメール，誹謗中傷，不正アクセスによるデータの盗難や破壊，著作権やプライバシーの侵害，コンピュータウィルスの侵入――これらはみな，実際にインターネットのなかで現実に日常茶飯事として起こっていることである。ホームページでメールアドレスを公開すれば，海外からもネズミ講，投資，有料アダルトページへの勧誘，果ては，債権回収詐欺やフィッシング詐欺のメールなどが山のように舞い込んでくる（筆者のあるアドレスには，一日100通近くメールが来るが，実に9割近くがこの手のスパムメールである）。

　こんな状況では，インターネットで入手した情報が信頼するに足るものなのかを判断するのはむずかしい。しかし，信頼できるサイトをみつけることがで

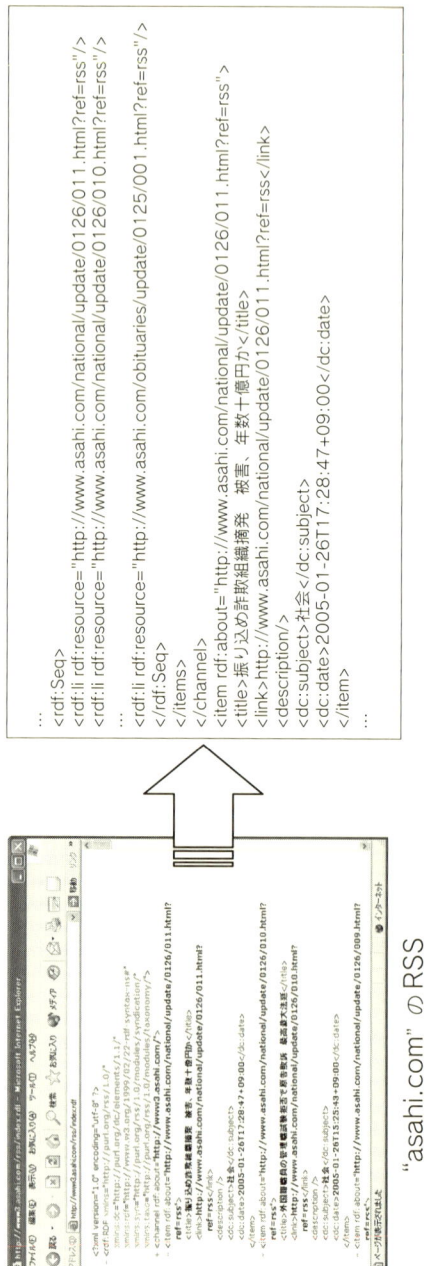

中身はテキストで記述されたもの

```
…
<rdf:Seq>
<rdf:li rdf:resource="http://www.asahi.com/national/update/0126/011.html?ref=rss"/>
<rdf:li rdf:resource="http://www.asahi.com/national/update/0126/010.html?ref=rss"/>
…
<rdf:li rdf:resource="http://www.asahi.com/national/obituaries/update/0125/001.html?ref=rss"/>
</rdf:Seq>
</items>
</channel>
<item rdf:about="http://www.asahi.com/national/update/0126/011.html?ref=rss">
<title>振り込め詐欺組織摘発　被害、年数十億円か</title>
<link>http://www.asahi.com/national/update/0126/011.html?ref=rss</link>
<description/>
<dc:subject>社会</dc:subject>
<dc:date>2005-01-26T17:28:47+09:00</dc:date>
</item>
…
```

"asahi.com"のRSS

図4-9　RSSの中身はこうなっている

表4-7 こんなホームページを探して活用してみよう！

例	どんなことができるか	料金の有無（目安）
研究者のホームページ	一連の論文のリストが手に入るかもしれない。運がよければ，論文のファイルをダウンロードできるかもしれない。	無料
大手書店のホームページ	キーワードや著者名で書籍を検索し，出版情報や目次などを知ることができる。	無料
大学や公立図書館のホームページ	その図書館の蔵書目録を検索できる。（外部からはアクセスできないこともある）	無料
官公庁のホームページ	統計データ，白書，官報などを入手することができる。	無料
新聞社のホームページ	過去の新聞記事のデータベースを公開している。	有料
大学や研究機関のホームページ	アカデミックデータベースの利用。	有料／無料
民間調査機関のホームページ	アンケート調査結果を提供していることがある。	有料／無料

きれば，良質で信頼性の高い情報を簡単に手に入れることができる（表4-7）。

書籍などの現物を見たい場合でも，自宅で下調べして，ある程度「あたり」をつけてから出かければ，探し物をする時間はだいぶ節約できるはずだ。

ただし，完全なデータベースなど，世の中に存在しない。利用者の少ないデータはデータベース化されることも少ないし，多くのデータが次つぎと生まれるのにデータベースの更新は遅れがちである。新聞社のデータベースでもすべての記事が公開されているわけではなく，そうなると，結局は縮刷版に目を通すしかない。そのような限界を理解したうえで，インターネット上のデータを有効活用したいものである。

6 インターネットにおけるセキュリティ

今では，多くの学校や会社にもコンピュータが導入され，インターネットに接続されている。コンピュータやインターネットのことを知らなくても，メールやインターネット通信販売などを利用できるようになってきた。しかし，基本的に学校や会社のコンピュータやネットワークは，所属メンバーのだれもが

使えるようにシステムを構築していることが多い．したがって，自分が使いたいソフトウェアが入っていないとか，使いやすい設定になっていないなど，なにかと不便なことも多い．

最大の問題は，しばしば，個人の情報やデータの秘密が保持されていないという点である．データの安全性については，ローカル環境でのセキュリティと，インターネット環境でのセキュリティの2つの面を考えておかなければならない．

(1) ローカル環境でのセキュリティ

あなたが使っているパソコンにログインできる人なら，あなたがハードディスクに保存したデータを読み出すことができる．あなた宛てに届いた大切なメールを，ほかの人が読んで消してしまい，知らんぷりしている，といったこともあり得る．このような環境でインターネットを利用する際にとくに困るのは，私文書やさまざまな重要なパスワードが，他人に洩れてしまう可能性が非常に高いことである．もちろん，ローカル環境でのセキュリティはすべてのデータにかかわる問題であるが，とくにネットワークにログインするためのパスワードは，外部に漏洩しないように，管理には細心の注意を払い，さらに時どき更新することが望ましい．

また，ローカルな環境をインターネット環境から分断することも，外部からの不正な侵入を防ぐには有効である．ひとつの組織のなかだけの閉じたネットワークはLAN*とよばれる．とくにインターネットの技術を応用した企業内のLANは，イントラネット（intranet）*とよばれる．イントラネットでは，ローカルなネットワークとインターネットとの接続に際して，ファイアウォールとよばれる壁を設けて，外部からの不正な侵入による内部情報の盗用や改竄，コンピュータウィルスなどから内部のシステムを守る（図4-10）．しかし，むやみにファイアウォールを厳しくすると，組織内の利用者の利便性までも奪われてしまうため，セキュリティと利便性とのバランスがむずかしい．

(2) コンピュータウィルス

コンピュータウィルスは，おもにバイナリファイルに潜んでいて，インター

メニューから「ツール」⇒「インターネットオプション」とすすみ，上部のタブをクリックして「セキュリティ」や「プライバシー」の設定を行なう。

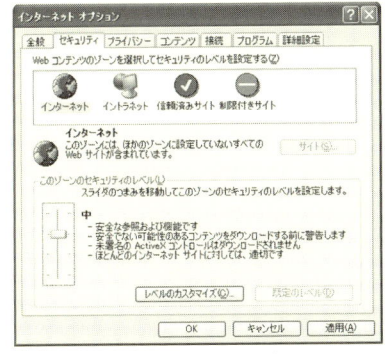

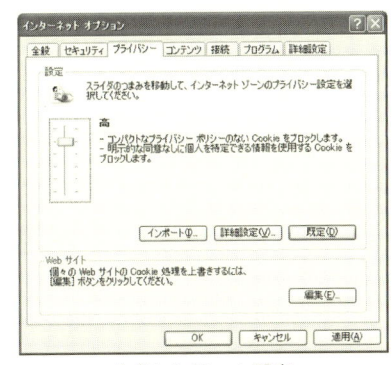

「セキュリティ」設定　　　　　　　「プライバシー」設定

いずれもできるだけ高く設定したほうがよいが，高くしすぎると見たいページが閲覧できないこともある。

図4-10　Internet Explorerのセキュリティ設定画面

ネットでフリーソフトなどをダウンロードする際にもち込まれたり，場合によってはインターネットに接続しただけで感染したりする。また，友人どうしや会社の同僚間で，感染したファイルの入ったフロッピーディスクを貸し借りすることで，ウィルスが広がることも多い。メールにウィルスを忍ばせたファイルが添付され，それを実行したためにウィルスが侵入することもある。最悪の場合，ハードディスク内のファイルが破壊されることさえあるので，メールに添付されたファイルをむやみに実行してはならない。メールソフトで，自動実行しないように設定しておくことも必要である。

　独立行政法人「情報処理推進機構」によれば，2003年のコンピューターウィルスによる国内の推定被害額は約3,025億円とされ（http://www.ipa.go.jp/security/fy15/reports/virus-survey/index.html），報告されない個人の被害も含めると，実に多大な損失となっている。

　コンピュータウィルスはどこから侵入するかわからないので，たとえ個人のパソコンであっても，ウィルス対策ソフトを導入し，ウィルス定義ファイルやWindowsのセキュリティアップデートなどもこまめに行なうようにしたい（図4-11）。

メニューから「ツール」⇒「Windows Update」を選択すると，Microsoftのアップデートページに接続する。

毎週定期的に手動でアップデートの確認をするか，自動でアップデートするように設定しておく。

図4-11　MicrosoftのWindowsアップデート

(3)インターネット環境でのセキュリティ

　メールや，インターネット間の別のコンピュータへのログイン情報などは，基本的にテキストデータであるため簡単に内容を見ることができる。また，インターネットではすべてのデータが多数のサーバを経由して流通している。したがって，サーバの管理者やサーバへの不正な侵入者は，通過するデータを記録し，IDやパスワードなど重要な情報をかすめ取ることさえ可能なのだ。どんなにローカル環境のセキュリティを高めても，インターネット環境では絶対安心ということはない。

　このようなセキュリティの不安に対処するためには，データの暗号化という手段が必要になる。ホームページでは，会員登録や通信販売のページで，パスワードなどの重要データを送信する際に，ブラウザがSSLというセキュリティ・モードになるものがある（図4-12）。メールにも，送信者が特定の「鍵」を使って暗号をかけ，受信者があらかじめ知らされている「鍵」を使って暗号を解かないと，文書が読めないようなしくみがある。暗号化技術は，現在でも軍事機密扱いであり，暗号化技術には輸出規制がかかっているものもある。電子商取引の際には先に述べたようにSSL通信がすでに利用されているが，メール

通信販売などでは，商品を選択して購入手続きをすすめるとき，「SSL通信」になる。クレジットカードの番号や氏名・住所などの重要な情報を送る際は，SSLモードになっていることを必ず確認する。

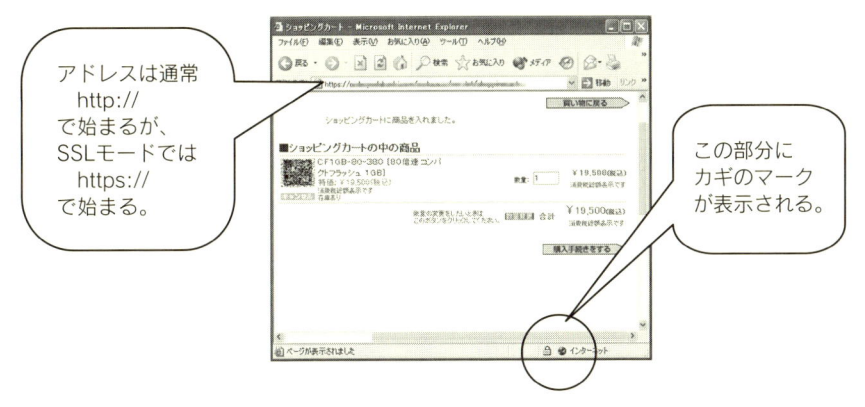

アドレスは通常http://で始まるが，SSLモードではhttps://で始まる。

この部分にカギのマークが表示される。

図4-12　ブラウザのSSL通信モード

京都市小学校PTA連絡協議会では，「インターネットを利用するためのルールとマナー集（こどもばん）」を作成して，市内の小学4年生以上の児童に配布している。

図4-13　京都市小学校PTA連絡協議会によるガイドライン

でも，重要データや個人情報を保護するため，暗号を使った通信の必要性が高まっている。

また，インターネットに絡んで子どもが被害者／加害者になる事件が頻発し

メニューから「ツール」⇒「インターネットオプション」とすすみ，上部のタブをクリックして「コンテンツ」を選択する。

「コンテンツアドバイザ」の〔有効にする〕をクリックすると右の画面が出る。

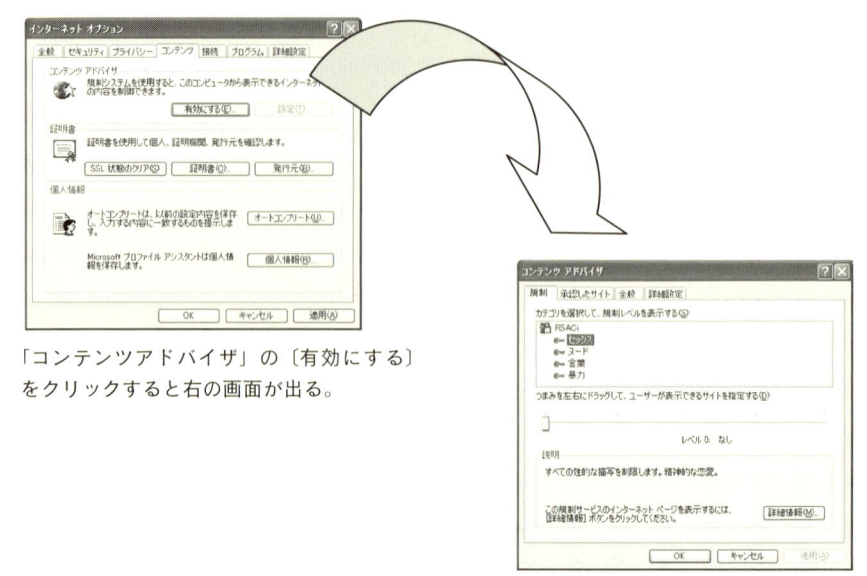

表示可能なレベルを設定する。左のほうが規制が厳しい。
設定したあとはパスワードの入力が求められる。
完全ではないが，家族でパソコンを共有する場合は，子どもが不適切なページにアクセスできないようにこの設定を行なったほうがよい。

図4-14　Internet Explorerの「コンテンツアドバイザ」設定画面

ていることを受けて，地方自治体の教育委員会やPTAが主体となって，子どものインターネット使用についてのガイドラインが作成されている（図4-13）。やさしいことばで書いてあるが，大人も同様に気をつけなければならない内容なので，機会があれば目を通してみていただきたい。簡単にできるものとして，IEのインターネットオプションには，子どもが見るのにふさわしくないページを表示しないようにする「コンテンツアドバイザ」という機能がある（図4-14）。

【参考文献】

石田晴久　2004　インターネット安全活用術　岩波書店
ジョインソン, A. N.（著）　三浦麻子・畦地真太郎・田中　敦（訳）　2004　インターネットにおける行動と心理　北大路書房
三輪眞木子　2003　情報検索のスキル　中央公論新社
有斐閣（編）　1997　特集コンピュータ・ネットワークと法　ジュリスト, **1117**, 5－154.

5章 障害者と高齢者を支援する情報機器

翔太：年とった人や障害者で，
　　　コンピュータ，使う人っているのかなぁ？
　愛：何言ってるのよ。
　　　そういう人にこそ，コンピュータって
　　　役に立つのよ。
　　　コンピュータが，人のできないこと
　　　カバーしてくれるのよ。
翔太：でも，使い方わからないだろ？
　愛：障害のタイプに応じていろいろな工夫が
　　　されてるのがあるんだって。
翔太：へぇ，そうなのか。
　　　「ヒトにやさしい環境」ってヤツだね。
　愛：翔太も手始めに，もう少し「私に」
　　　やさしくしてみたら。

1　情報機器を活用できないことからくる不利益

(1) **情報弱者をつくらないために**

　今日のように社会が複雑化してくると，特別な障害をもたなくても，この世のなかで自分ひとりで生きていくということは，ほとんど不可能である。そのようななかで「障害者の自立」や「家族だけに頼らない介護」が叫ばれるが，実際にその立場で物事を考えると，完全に自立して生活することは，そんなに簡単なことではない（井上，2004）。

　情報弱者ということばがある。情報弱者とは，さまざまな理由から携帯電話やパソコンなどの情報機器の活用や通信技術の利用がむずかしい人たちをさす。

そしてそれは、いわゆる障害者や高齢者そして低所得者などにあてはまるケースが多い。他方ではインターネットの利便性を活用して、いろいろな商品を手軽に安く購入したり交通機関や宿泊施設を安価で利用している人たちもいる。このように情報技術を活用できる層と情報弱者のあいだに社会的・経済的格差が生じ、あるいは格差が拡大していく現象を「デジタルデバイド」という。

(2) **年齢別のインターネット利用状況**

図5-1をみると、インターネットの利用方法としては、郵便での手紙のやりとりに取って代わる伝達手段として電子メールでの情報交換がその主要なものとなっていることが明らかである。自らがホームページを作成するなどの情報発信は各年齢層において低調なのに対して、ネットサーフィンとよばれるウェブサイトの閲覧による情報収集は、40代より下の世代では高い割合の利用状況を示している。

また、商品やサービスの予約や購入などに関しては、20代と30代がそのような経済活動の顧客の多数を占めていることが示されている。航空運賃や宿泊施設の料金はインターネットを活用すれば、通常の半額以下で購入できることも

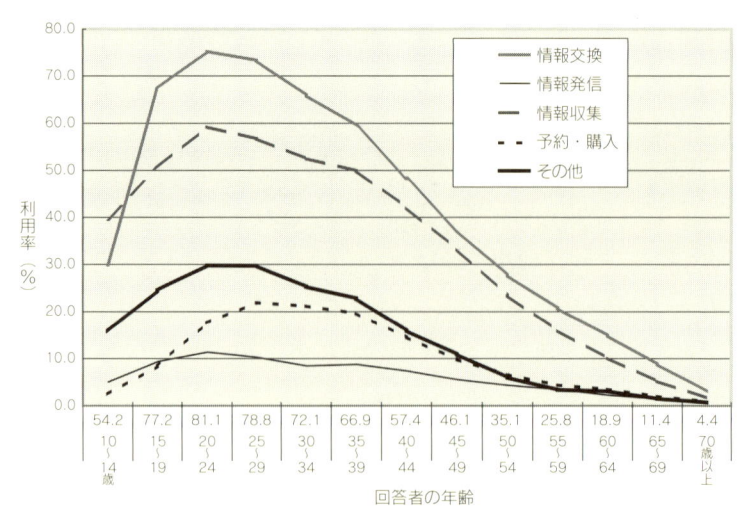

図5-1 年齢階級別インターネットの利用状況
(2001年の総務省統計局のデータより筆者が作成)

珍しくはなく，そのような情報が得られるかどうかの違いは，実質的な貧富の差としてあらわれることにもなりかねない。このようなデータからもわかるように，とりわけ高齢者では，インターネットを活用する頻度が，すべての項目において低いことが示されている。

2　障害を補完するための情報機器

(1) **ユニバーサル・デザイン**

いわゆる身体障害者などのために，建物の入口にスロープを設けたり，家のなかで各部屋の段差をなくしたり，弧を描く扉ではなく引き戸にしたりするなど，たとえば車椅子での移動が楽にできるような環境を「バリアフリー（障壁なし）」という概念で示すことがある（井上，2004）。

これに対して，いわゆる高齢者や障害者などを特別扱いにするのではなく，障害の有無や年齢，性別，使用言語に関係なく，さまざまな個性や特徴をもつ人たちもすべて含めて，私たちの多くが，気持ちよく便利に暮らせるように，人生の長いスパンを考慮したデザインの製品や建物，生活環境を普及させていこうという世界的な運動がある。このようにだれもが快適に生活できるようにあらかじめまわりの環境を計画する考え方を「ユニバーサル・デザイン*（万人向き規格）」とよぶ（表5-1）。

ハンディキャップのある人たちを特別視して，「障害者のために，あるいは高齢者のために特別な配慮をしなければならない」などと考えると，そのような配慮をする側にとっても，また，される側にとっても，心理的なストレスが増えることにもなりかねない。

いわゆる障害者にとって便利な機器や生活環境は，じつは，健常者の多くにとっても都合のよいことが少なくない。キーボードを使わなくてもすむコンピュータは，とくに運動機能に障害がなくても，多くの人たちにとっては便利な機器といえる。いわゆる障害者や高齢者のために特別な商品や生活環境を作り出すには，その単価は割高になるが，それを「万人向き規格」にしてしまえば，その単価は安くてすむわけで，多くの人たちがその恩恵を受けられる環境は好ましいものといえる。

表5-1　ユニバーサル・デザイン7つの原則とその具体例

7つの原則	環境や製品の具体例
①だれにでも公平に利用できる 《障害の有無や能力の違いにかかわらず，すべての人たちに使用可能なもの》	○エレベーター ○自動ドア ○車椅子用の空間を備えた乗り物
②使う上で柔軟性に富む 《使用者のペースや好みに合わせて，柔軟に活用可能なもの》	○利き手に関係なく，どちらの手でも使えるスプリング式のハサミ ○ボタンがない衣類（浴衣・バスローブ）
③簡単で直感的に利用できる 《使用者の知識，経験，言語能力に関係なく，効果的直感的に理解可能なもの》	○模型による構造の説明 ○イラストによる説明書（マニュアル） ○視覚シンボルにより道案内
④必要な情報が簡単に理解できる 《複数の感覚にうったえられるような本質的な情報の冗長な提示》	○字幕（手話通訳）付きビデオ ○概念のアニメーションによる理解 ○音と光と振動による着信通知
⑤単純なミスが危険につながらない 《誤作動や危険の警告表示と，意図しない行動による危険の低減への配慮》	○直前の誤りを訂正できるコンピュータなどの操作時の「取消」機能 ○確認と警告の画面の提示
⑥身体的な負担が少ない 《大きく体勢を変えることなく，最小限の力で操作できるような環境に》	○大きな径のハンドル ○体重を無理なく支える背もたれ ○車椅子からも操作可能な押しボタン
⑦接近して使える寸法や空間になっている 《使用に際して適切な大きさと空間の確保》	○幅の広い改札口 ○乗り降り空間が確保された駐車場

http://www.universal-design.co.jp/を参考にして著者が作成

(2) **ハンディキャップを取り除く情報機器**

　社会のなかで快適に生きていくためには，ハンディキャップとなっている部分を何らかの形で補っていく必要がある。その具体的なものを以下のところで紹介していくことにする。

　近年その技術革新がめざましいコンピュータ関連機器やその応用ソフトは，各種の情報閲覧のため，もしくは対人コミュニケーションの手段として，いわゆる障害者や高齢者に活用可能なものが開発されており，その障害の程度やユーザの個性や能力，さらには，好みにあわせて活用可能なものが市場に出ている。

　とりわけ，コンピュータの画面に表示される内容を読み取ることがむずかしい視覚障害者のためには，さまざまな機器が開発され市販されている。たとえば，図5-2や図5-3に示すような情報機器は，視覚情報を触覚情報に変換する装

5章　障害者と高齢者を支援する情報機器　93

図5-2　点字ディスプレイ「ブレイルノート」
　点字利用者のパソコン利用の強力な支援ツールとして，正確でリアルタイムな点字情報を伝達する携帯コミュニケーションツール。小さなピンを電気的にコントロールして，点字の凸点を表示する。紙のいらない点字という意味で，ペーパー・レス・ブレイルとよばれることもある。下の黒い部分が点字の出力装置。上の白い部分は入力のためのボタン。
《資料提供は，ケージーエス株式会社》

図5-3　視覚障害者用の点図ディスプレイ「ドットビュー」
　図形などの視覚イメージ情報を点図の形でリアルタイムに表示可能なポータブルな点図ディスプレイ。表示部は高速で書き換えができるため，スクロールや拡大／縮小などの操作が可能。
《資料提供は，ケージーエス株式会社》

置であり，他人からの支援を受けなくても，一人で必要な情報を必要なときに得ることができる。
　視覚に障害があっても情報を活用することを支援する装置やソフトが開発されている。表5-2は，そのような情報機器や関連ソフトをまとめたものである。聴覚に障害のある人たちにとって，音声などの聴覚情報を視覚などの他の感覚に訴える情報に変換する必要があるのと同様に，視覚に障害のある人にとっては，視覚情報はそのままの形では，情報として理解できないものである。した

表5-2 視覚障害者のための情報機器と関連ソフト

機器・ソフト	主たる機能
【視覚情報と聴覚情報の変換】	
・スクリーン・リーダー	画面に表示される文字情報を音声化して出力
・音声ブラウザ	ホームページの内容を音声化して出力
・音声による入力ソフト	マウスやキーボードの操作を音声で指示
【視覚情報と触覚情報の変換】	
・オプタコン	触覚で画面情報を確認できる触覚読書器
・点字ピン・ディスプレイ出力	文字情報を点字ピン・ディスプレイに出力
・点字プリンタ	点字を紙に印字出力
【その他】	
・入力変換ソフト	キーボードから点字入力を可能にするソフト

がって，画面に示される文字情報は点字を用いた情報に置き換えたり，理解可能な音声情報に変換したりする必要がある。また，日常的に点字の使用に慣れた人では，一般的な通常のキーボードを使用するより，点字タイプライターの入力方式がそのまま活用できるようなくふうも役に立つ。

このように記述してみると，前述のユニバーサル・デザインの開発とは相容れないような内容の機器やソフトのみが重要であるような印象を与えるかもしれない。しかし，キーボードを使っての入力は，多くの人にとっては熟練の必要な厄介なものであるし，細かな文字を長時間読み続けることから生じる健康上の悪影響は，とくに障害をもたない人であっても，無視できない問題になっている。その意味では，時と場所，情報の内容に合わせて，操作方法や出力されるモダリティを自由に選択できる環境は，だれにとっても望ましいといえる。

(3) **入力装置のいろいろ**

キーボードとマウスは，現時点では，最もなじみのある一般的なコンピュータの入力装置といえる。ノートパソコンなどのモバイル（携帯用）情報機器の普及によって，さまざまなタイプの入力装置が広く使用されるようになってきている。たとえば，①特定の平面上での指の移動を感知するパッド，②画面上のアイコンやボタンを指や特殊なペンで触れることによって操作するタッチパネル，③ジョイスティックの小型版のトラックポイントやアキュポイントとよばれるもの，④小さなボールの回転によって画面上のポインタを移動させるトラックボール，⑤画面やパッドの上に直接文字や絵が描けるペン入力など，さ

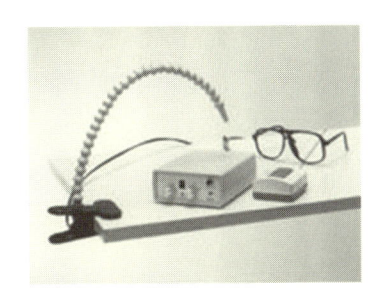

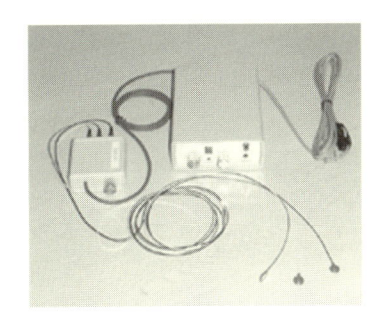

5章 障害者と高齢者を支援する情報機器 95

図5-4 瞬きセンサーとEOGセンサー
マウスの代わりとして入力を行なうための入力用補助装置。左側の写真は，画面を見ながら入力したい文字の上で瞬きするだけで文字入力も可能な瞬きセンサー。赤外線がわずかなまぶたの動きをキャッチして，その信号を伝える。右側の写真は，横方向の眼球移動による電位差を検出することのできるEOGセンサー。眉間と目の横（両こめかみ）に電極を貼ることにより電気的に眼球の微妙な動きが把握できる。
《写真提供は，株式会社シースターコーポレーション》

まざまなタイプの入力装置が商品化されている。

　これらは，いずれも手や指の微細な運動を必要とするものであるから，脳性マヒなどで手が自由に動かない人たちにとっては利用できない。音声入力のためのソフト開発は着実にすすんでいるように思えるが，まだ一般的な普及にいたっていない。ここでは，とくに運動障害をもつ人たちが使用している入力装置のいくつかを具体的にみていくことにする。

　図5-4は，微妙な瞬きやわずかな目の動きを，それぞれのセンサーでとらえて，マウスの代わりとして使用可能なコンピュータ入力装置である。人間の眼球の角膜側ではプラスの電位が検出され，逆に網膜側ではマイナスの電位が検出できる。したがって，たとえば，人間は右方向に目をやると，右のこめかみあたりからはプラスの電位が，逆に左のこめかみあたりからはマイナスの電位が検出されることになる。このような原理を利用して開発されたのが，図5-4の写真右側のEOGセンサーである。

3　コミュニケーションを支援するツール

(1)補助代替のコミュニケーション手段（AAC）

　コミュニケーションの手段といえば，音声言語を用いることが一般的である。

しかしながら，何らかの障害によって，その音声言語の使用がむずかしい人たちにとっては，何か別の手段が提供されなければ，基本的な要求の伝達などもできないことになる。障害児教育の領域を中心にして，20世紀末からの世界の流れは，各個人の認知特性や運動機能の特性を考慮して，音声言語以外のコミュニケーション手段でコミュニケーションをとることを支援していこうとする傾向が強まっていることである（小島，1997；関，1997参照）。

このようなコミュニケーション手段は，AAC（augmentative alternative communication：補助代替コミュニケーション）*という名で総称されている。そのなかで使用されることになるコミュニケーション手段は，一定のスタイルをもった視覚シンボルのセットであり，「ブリス・シンボル」や「サウンズ・アンド・シンボルズ」，「PCS」など，それぞれ特徴のあるシステムが使用されている（原，1988；広川・吉田，1989；高橋，1997参照）。

また，視覚シンボルと身振りからなるサインをうまく組み合わせて，コミュニケーションを行なう「マカトン法」も有効なコミュニケーション手段と考えられる（上野・津田・松田，1989参照）。また，著者らがグループで研究をすすめている「日本版PIC」とよばれるコミュニケーション・システムは，黒の背景に白抜きのシルエット像の視覚シンボルを用いたもので，1,000語を超える具象語と抽象語からなる語彙を有している（図5-5：藤澤，2001；清水，2003参照）。

このような視覚シンボルは，コミュニケーション障害をもつ人たちだけに有効なものではなく，広く一般社会で使用されている視覚シンボルと共通したものと考えられる。空港や駅，観光地や宿泊施設での道案内，コンピュータの操作のために用いられるアイコンなどとも共通するデザインが採用され，一種のユニバーサル・デザインの考え方が具体化されている。障害者や高齢者にとって便利なものは，一般の多くの人たちにとっても理解しやすく使い勝手のよいものである場合が多い。

(2) 視覚シンボルを活用したツール

前述の日本版PICシンボルを使用する具体的な方法を紹介していく。視覚シンボルを使用してコミュニケーションをしていくときに出くわす不都合な点は，

図5-5 コミュニケーションを支援する視覚シンボルPICのデザイン
各行に示される6つの大きなカテゴリに分類することが可能である。音声言語の使用のむずかしい障害をもった人たちや，共通の言語をもたない異言語間のコミュニケーションツールとして，また，コンピュータや各種機器のアイコンとしても使用可能である。
《資料提供は日本PIC研究会》

シンボルを表示できる道具を携帯する必要があることである。音声言語や手話の場合は，そのような道具はいっさい不要で，道具を意識する必要はない。
　自宅や職場など，いつもの生活場所では，デスクトップ型の画面の大きなコンピュータを使用することも可能であるが，外出先や訪問先では，携帯用のツールが必要になる。したがって利用場所や利用目的を考慮した道具が必要であ

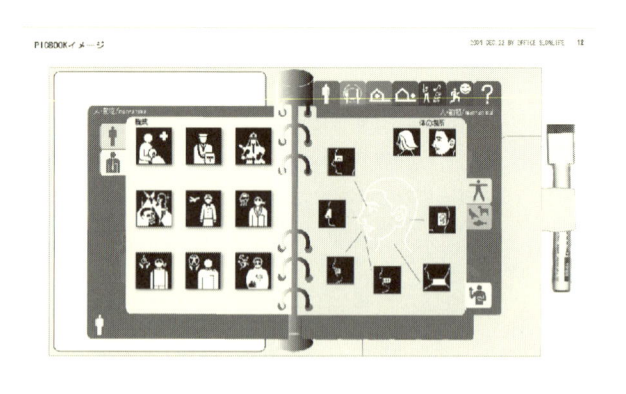

図5-6 アルバム形式のコミュニケーション支援ツール「PICBOOK」
携帯用のアルバムには，6つのカテゴリごとに合計1000語の視覚シンボルが貼り付けられ，ユーザは必要なシンボルを指さしながら，気持ちや意思を伝達していくことができる。　　　　　《資料提供は，ブレーン出版》

ることはいうまでもない。また，コンピュータなどの情報機器にアレルギー反応を示す人たちのためには，あえて紙のメディアに依存する必要も出てくる。そのようなもののひとつが図5-6に示す「PICBOOK（ピックブック）」である。

　6つのカテゴリに色分けされたアルバム状の冊子には，合計600語の視覚シンボルが貼り付けられている。使用者はそれ以外の写真や絵を貼り付けるなどして，自分の情報をあらかじめ準備しておくことも可能である。

　また，図5-7は，同様に日本版PICの視覚シンボルを採用したシンボル検索が容易な「PICDIC（ピックディック）」とよばれるコミュニケーション支援ツール*である。日本語と英語，あるいは，日本語と中国語のそれぞれ2言語バージョンが開発されており，言語学習用として，また異言語間コミュニケーション手段としても活用可能である。選択したシンボルに対応することばを，それぞれの言語で音声出力することが可能である。シンボルの検索には，各言語の語頭音，カテゴリ名，シンボル番号など複数の手がかりが利用可能である。また，検索したシンボルを並べて，手紙文を作成することも簡単にできる。

(3)**冗長な情報が理解を助ける**

　情報と通信の技術革新がすすんだことにより，私たちの日常生活でも大きな

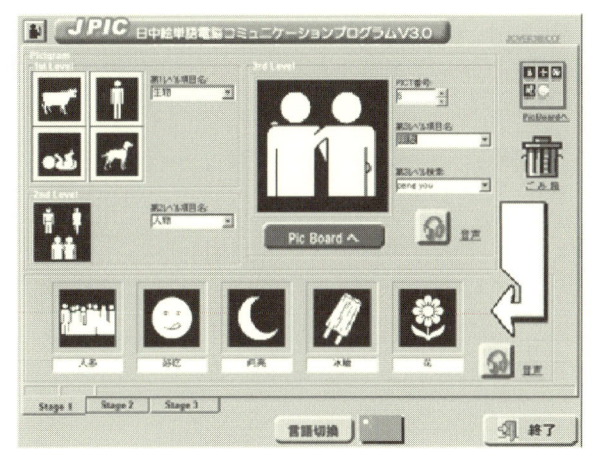

図5-7 シンボル検索が容易な「PICDIC（ピックディック）」
左下のタブが示すように3つのステージで構成されている。「ステージ1」では，カテゴリ名，英語／日本語／中国語の語頭音，シンボル番号など複数の手がかりで，シンボルを検索できる辞書機能，「ステージ2」では，視覚シンボルと対応する単語の音声の組み合わせの学習を支援するランダム読み取り機能，「ステージ3」では，必要なシンボルを並べて，好みの大きさで印刷できる編集印刷機能が装備されている。
《資料提供は五大エンボディ株式会社》

変化が認められる。以前は銀行窓口で銀行員を相手に行なわれていた業務の多くは，今は機械相手が常識となった。電車や長距離バスのチケット購入も機械相手が主流である。そのことによって，人件費が節約できたり，待たされる時間が減ったり，あるいは，わずらわしい対人交渉をしなくてすんだりといった多くのメリットが考えられる。

しかし同時に，そのような変化をなかなか受け入れられない人たちも存在する。その多くは，容易に推測できるように，いわゆる障害者や高齢者ということになる。たとえば，銀行のATMで自分の預金口座からお金を払い戻したいときに，視覚障害をもつ人にとっては，画面の表示が見えないので，わかりにくいということはいうまでもない。しかし，仮にいつも同じ内容が画面の同じところに出るのであれば，その行為は，視覚抜きにしても慣れれば可能である。郵便局に設置されているATMでは，決められた位置に決められた機能が割り当てられたボタンが配置してあるので，比較的簡単にそのような操作ができるかもしれない。逆に，ボタンも画面上に現われるような最近の多くの機種では，

同じ場所で画面の表示内容がコロコロ変化し，そのような操作はむずかしい。

　ひとつの同じ目的をもってある行為をするような場合でも，その方法や手段については，いくつかの選択肢を準備しておくことが，障害者や高齢者にとってはやさしい生活環境ということになる。また，同じ内容のメッセージを伝達する場合でも，ひとつの形式に統一するのではなく，コミュニケーションの相手が理解しやすいようないくつかの形式でメッセージを準備しておくことや，容易に他の形式に変換できることが，これからの情報機器には求められる。

　つまり，さまざまな場面で冗長な情報*を準備して，使用者が自分にとって都合のよいものを選択できるような環境を整えておくことが望ましい。具体的には，①複数のモダリティに対して情報を発する，②複数の操作方法を設定する，③複数の言語でのメッセージを準備する，④電話やインターホンを併設して人間相手のコミュニケーションを可能にする，というような配慮が必要である。さまざまな情報機器の開発に，そのような方向の動きが認められる。

　従来の価値観では，同じことを何度もくり返して冗長な情報を伝えることは，避けなければならないむだなことであると考えられていた。そして，ひとつの目標がある場合には，そこにできるだけ早く到達できる方法を私たちの多くが望んでいた。しかし，そのような価値観だけですすめられてきた技術革新の波のなかでは，多くの人たちが取り残され，かえって大きな負担やハンディを背負うことになる。どうにかそれについていこうとする人たちにとっても，じつは，必要以上の努力が要求され，大きな心理的ストレスがつきまとうことになる。人間に負担を強いるのではなく，人間にやさしい環境作りのひとつとしての情報機器の開発が望まれる。

【引用文献】

藤澤和子　2001　視覚シンボルでコミュニケーション：日本版PIC活用編　ブレーン出版
原　鉄哉　1988　ブリスシンボル　リハビリテーション・エンジニアリング，3，22-33．
林　文博・井上智義　2005　ピックブック　ブレーン出版
広川律子・吉田くすほみ　1989　THE SOUNDS AND SYMBOLS（サウンズ・アンド・シンボルズ）：オーストラリア・スパスティックセンター方式によるコミュニケーションの方法　南大阪療育園
井上智義　2004　福祉の心理学：人間としての幸せの実現　サイエンス社

小島哲也　1997　PICOT図形シンボル対応のパーソナルコンピュータ（Macintosh）用会話エイドソフトウェア　リハビリテーション・エンジニアリング, 12, 25-34.
関　育子　1997　グラフィック・シンボル利用によるコミュニケーション支援：特集にあたって　リハビリテーション・エンジニアリング, 12, 1-2.
清水寛之　2003　視覚シンボルの心理学　ブレーン出版
高橋ヒロ子　1997　PCSを利用したコミュニケーションの拡大　リハビリテーション・エンジニアリング, 12, 9-14.
上野一彦・津田　望・松田洋子　1989　マカトン法入門　日本マカトン協会

6章 メディア社会と人間の暮らし

愛：翔太，先週出した電子メール，
　　ちゃんと読んだの？
　　返事をまだもらってないんだけど。
翔太：ちゃんと読んだぞ。
　　来週あたりに返事を書くつもりだったんだ。
愛：何言ってんのよ。
　　電子メールは読んですぐに返事を書くのがマナーなのよ。
　　それに形式張らずに手軽に書けるのがいいんじゃない。
翔太：ひええ。
　　じつはこの一か月間に来たメールに，ひとつも返事を書いてないんだ。
愛：筆無精じゃなくて，キー無精ってとこね。
　　すぐ書きなさい！

1　はじめに

　近頃は，以前にくらべて「情報化社会」ということばを見聞きすることが少なくなったように思われる。およそ20年ほど前は，いたるところで「情報化社会の現代において」といった表現が用いられていたが，最近はそうでもない。しかし現在，私たちの社会において情報化の流れが鈍くなったか，あるいは落ち着いてきたかといえば，けっしてそのようなことはない。むしろ，これまでよりも急速に社会の情報化は進展している。さまざまな情報のやりとりや各種の情報機器の利用に関して，その急速な進展のようすは驚くばかりである。ほんの数年前とくらべても量的にも質的にも社会の情報化の動きはめざましいも

のがある。そうした進展が急速であればあるほど、私たちの身近な日常生活や家庭生活に対して重要な変化がもたらされることになるのはいうまでもないだろう。

　本章では、まず最初に、現代社会の情報化に関する基本的な用語の解説を行ない、各種のメディアを特徴づける。次に、私たちの日常生活におけるメディア機器の普及および情報通信ネットワークの発展について簡単にみていく。最後に、そうした情報化社会の急速な進展にともなう現実的な諸問題を取り上げ、人々の期待や不安について考える。

2　情報化社会，ネットワーク，メディア，ユビキタス

　私たちのふだんの日常生活をふり返ってみると、多くの情報をだれかから受け取り、また別のだれかへと送っていることに気がつく。そのなかには、きわめて大切な事柄もあるだろうし、取るに足りない話題も含まれているだろう。他者とのコミュニケーションにかかわる行動自体は、もともと人間が身につけている基本的な心のはたらきである。人類が進化の過程でことばを身につけたときにはすでに、他者とのあいだでなんらかの情報の受け渡しを行なっていたと考えられる。ここで注目すべきことは、ここ20年ほどのあいだに、私たちは以前とはくらべものにならないほど、毎日膨大な量の情報にさらされ、それらを絶えず取捨選択しなければならなくなったということである。その変化のようすは、飛躍的あるいは爆発的と形容されるほどである。それらを考えるうえで、まず最初にこうした社会の変化をとらえることばについてみていこう。

(1)**情報化社会とは**

　あらためて情報化社会（information society）ということばの意味について考えてみよう。『広辞苑』（第5版）によれば、情報化社会とは「情報が物質やエネルギーと同等以上の資源とみなされ、その価値を中心にして機能・発展す

る社会」とある。この辞書の記述説明のなかで大切なことは,「情報が価値をもつ」という点である。それぞれの情報のもつ価値は,それを受け取る人や組織,そのときの状況などによって大きく異なる。したがって,さまざまな情報に関する需要にこたえるには,膨大な量の情報が提供されなければならない。

　手に入れられた特定の情報が重要であるかどうかを判断する際にも,関連した多くの情報と照らし合わせる必要がある。つまり,あるひとつの情報の価値を問うには,大量の情報を容易に入手できることが必要不可欠である。情報化社会とは,そうした大量の情報のやりとりがスムーズに行なわれ,情報の流れそのものが産業全体を支え,人々の快適な暮らしや経済の発展につながるような社会であると考えられる。

　情報化社会が成り立つには,大量の情報をすばやく確実に伝え合うための社会的な基盤(インフラ*)が整備されていなければならない。そうした情報インフラとは,文字通り網の目のようにその社会のなかの各地に,情報を伝達する情報通信ネットワークが張りめぐらされていることをさす。

　いま単純に,情報をなんらかの「知らせ」というふうにとらえてみよう。たとえば,知り合いのだれかから何かの知らせを受け取るときというのは,どのような状況が考えられるだろうか。まず第一に考えられるのが,その知り合いに直接会って話を聞くという場合である。直接会えないときには,電話や電子メールを受け取るということが考えられる。そのほかにも,ファックス,手紙・はがき,最近ではあまり使われなくなったが電報などが思い浮かぶ。

　そう考えてみると,携帯電話の普及に代表されるように,日本は情報通信ネットワークの整備のすすんだ国であるといえよう。ところが,世界中の国々のなかには,そうしたネットワークが十分に整備されていないところが数多くある。同一の国内においても,どこでも同じように情報伝達のサービスを受けられるというわけでもない。このように情報伝達の手段は,地球上のすべての地域で等しく利用可能なわけではない。国によっても国内の地域によってもそれぞれの手段の利用可能性は大きく異なっている。極端にいえば,地球上には,情報通信ネットワークの整備の充実度の違いという意味で,明らかに情報化社会と非情報化社会とが存在する。もちろん,両者を明確に区別することはむずかしい。

情報化社会のなかでも,とりわけ情報のやりとりにかかわる基盤がよく整備された社会のことを高度情報化社会（advanced information society）とよぶことがある。あるいは,高度情報ネットワーク社会（advanced network society）ともよばれる。近年,情報技術（information technology：IT*）が高度に発達した社会という意味で,IT社会という言い方も多く用いられている。そして,いま現在,地球規模で情報ネットワークの整備がすすめられ,世界各国・各地の非情報化社会は,着実に情報化社会へと変化しており,すでにある情報化社会,ネットワーク社会,IT社会はさらに高度化しつつある。

⑵ **メディアとは**

個人が情報のやりとりを行なうには,直接対話という手段を含めて,すべて広い意味でなんらかの機械や装置,およびそれらを円滑に機能させるサービスが必要である。メディア（media）*とは,そうした情報のやりとりにかかわる物や人,しくみ,社会基盤の総称である。

① マスメディアとパーソナルメディア

ある人間が別の人間に対して,何かの事柄（情報）を伝えようとすることをコミュニケーション（communication）という。すべてのコミュニケーションは,情報の送り手（発信者）と受け手（受信者）とのあいだに必ずなんらかのメディアが存在すると考えられる。

テレビやラジオ,新聞,雑誌,書籍などのメディアは,それを見たり,聞いたり,読んだりできる人であれば,だれでも情報を受け取ることができる。つまり,情報の送り手と受け手との関係は,「1対多」である。そのようなコミュニケーションの形態は,マスコミュニケーション（mass communication）とよばれる。マスコミュニケーションは,しばしばマスコミと略され,広い意味での各種報道機関をさすことばでもある。こうしたマスコミュニケーションに利用されるメディアは,マスメディア（mass media）とよばれる。

一方,さきほどの例のような個人的な情報のやりとりは,パーソナルコミュニケーション（personal communication）とよばれる。基本的に,送り手と受け手とが「1対1」の関係にある。ふだんの生活で個人から別の特定の個人へと何かの知らせ（私信）が送り渡されるときには,電話,電子メール,ファッ

クス，郵便，電報といったメディアが利用される。これらはパーソナルメディア（personal media）とよばれる。

②各種メディアの分類と特徴

現在，日常生活で身近に利用できる各種メディアのなかで，インターネットを除くこれまでのメディアをできるだけ単純に分類してみよう（図6-1）。

パーソナルメディアとして，日常的には電話・ファックスなどの電気通信メディアがよく用いられる。また，封書やはがきを郵送するという手段もあり，ここでは郵便メディアとよぶことにする。これに関連して，最近は宅配便のサービスが全国的に広く利用されており，これも郵便メディアとほぼ同じように取り扱える。

マスメディアは，大きく，印刷・出版メディア，放送メディア，映像・音響メディアに分けられる。これらはそれぞれ単独で利用されることもあるが，テレビで音楽番組や映画が放映されたり，新聞にテレビの番組欄や映画評が掲載されているように，印刷・出版メディア，放送メディア，映像・音響メディアは互いに連携して利用者に提供されることが多い。そのなかには，事実報道，時事解説・批評・啓発などを中心とするジャーナリズムから個人の趣味・嗜好に合わせたエンターテイメントまで，視聴者の要求や社会的な要請に応じてさまざまな情報が提供される。

各種メディアにはそれぞれの特徴があり，実際にそれらを利用する際には，

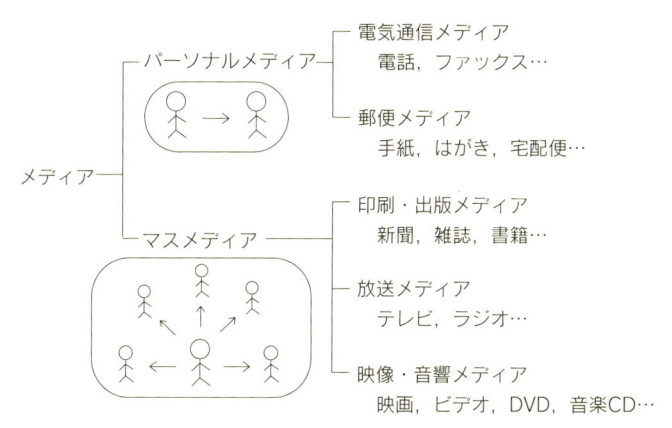

図6-1 各種メディアの分類

そうした特徴に合わせた使い分けがなされている。よく比較される例でいえば，マスメディアでは，ニュースを早く知りたいときにはテレビ・ラジオが，ニュースの詳細な内容，解説を知りたいときには新聞，雑誌，書籍などがよく利用される。パーソナルメディアでは，電話では伝えにくい内容（たとえば，地図）はファックスで送ったりする。改まった挨拶などは電話ですませずに，ときにはワープロを使わずに自筆で手紙を書いて封書で送られる。このように，従来のメディアの利用に関しては，すでにさまざまな利用法や慣習，マナーなどが私たちの身近に存在している。

③インターネットの特徴

　従来の各種メディアは，それぞれが伝達する情報の種類や形態が多少異なっている。たとえばマスメディアで言うと，印刷・出版メディアは文字（活字）をはじめ，写真や絵，イラストなどの静止画像の情報の伝達を主に取り扱っている。放送メディアおよび映像・音響メディアは，動画像や音響・音声といった情報が中心になっている。

　現在のインターネットは，最新のメディアであり，さきほどのメディアの分類のなかにあえて位置づけるとするならば，電気通信メディアに含まれる。しかし，インターネットは，従来のメディアのもつさまざまな特徴を合わせ持っている。マルチメディア（multimedia）*ということばに代表されるように，従来のメディアがそれぞれ取り扱っていた特徴的な機能をほとんどすべて兼ね備えている。現在，私たちの身近にあるパーソナルコンピュータは，文字だけではなく，色彩豊かな絵やさまざまな音色の音響・音声が扱える。絵も，静止画像だけでなく，生き生きとした動画像が扱える。

　さらに，インターネットにおいてきわめて特徴的な機能は，個人が自分のもつ情報を特定の相手に対しても不特定の多数の人々に対しても自由に送ることができることにある。従来のマスメディアは，印刷工場や放送局やスタジオといった専用の施設・設備・機材などを利用できる人でなければ，情報を不特定多数に送ることはむずかしかった。特に放送メディアにおいては，電波管理法などにより，放送免許をもつ組織でなければ運営不可能であった。したがって，通常の場合，一般の家庭生活においては，マスメディアとは情報を受け取るためのメディアでしかなかった。ところが，インターネットは，印刷・出版メデ

ィアや映像・音響メディア，放送メディアと同じように，文字情報，画像情報，音響・音声情報を各個人が手軽に発信できるのである。

インターネットが普及する以前，個人が不特定多数に対して情報を発信するという場合がなかったわけではない。たとえば，アマチュア無線局の開設やミニコミ誌・同人誌の発行などがそれにあたる。しかし，これらのメディアは，いずれもインターネットに比べて，非常に限られた地域でしか情報が流れなかったり，発信・受信ともに手間がかかったりした。そのため，一部の趣味・愛好の範囲にとどまっていたように思われる。ところが，インターネットは従来の各種メディアのもつ機能を合わせもつだけでなく，きわめて使いやすく，多種多様な情報を入手することが可能であり，そのことが現在の爆発的な普及の大きな要因になったと考えられる（第4章参照）。

(3) **メディア社会・ブロードバンド・ユビキタスネットワーク社会**

メディア社会とは，マスメディア，パーソナルメディアがともに高度に発達した社会のことである。しかも，単に情報化社会の延長上にあるのでなく，インターネットの普及により，しだいにマスメディアとパーソナルメディアの境目が明確でなくなってきたことも含んでいる。個人が別の個人にプライベートな内容を伝えるのとまったく同じ感覚で，全世界に向かって情報を発信することが可能なのも，このメディア社会の特徴のひとつといえる。

近年，インターネットの進展において欠かすことのできない重要な技術またはサービスをさす用語として，ブロードバンド（broad band）ということばがさかんに用いられている。これは，専用のデジタル回線*であるISDN*だけでなく，ADSL*のように従来の金属電線やケーブルテレビの同軸ケーブルを使って広域帯で信号の伝送を行ない，高速に大量のデータを送受信する技術が実用化されたことから名づけられたものである。最近は，無線LAN*による無線ブロードバンド（wireless broadband）のサービスも開発されている。これらによって，比較的安価で24時間常時，インターネットを接続することが可能になった。日本のブロードバンドに関する社会基盤は，料金価格と高速性において世界最高水準にある。

さらに，携帯電話やPDA*を使って，通信回線の利用料金や利用時間帯を気

にせずに「いつでも，どこでも，なんでも，だれでも」ネットワークに接続でき，情報を自由自在にやりとりできるような世のなかのことを「ユビキタス*ネットワーク社会（ubiquitous network society）」，また，そのようなシステム全体を「ユビキタスコンピューティング（ubiquitous computing）」とよぶことが多い（総務省，2004など）。ユビキタスコンピューティングはひとりの人間が複数のコンピュータ（各種の情報通信機器を含む）を手軽に使うもので，1台の大型コンピュータ（メインフレーム）を複数の人間が共同で使ったり，個人がそれぞれ一人1台のパソコンを使ったりするようすとは大きく異なっている。

3 社会の情報化と個人生活の変化

「情報の洪水」あるいは「情報の氾濫」といわれるように，以前にくらべて現代社会は多くの情報に満ちあふれている。そうした印象をだれもがもっているが，いくつかの客観的な指標をもとに詳しくみてみよう。

(1)社会の情報流通量の変化

一口に，情報が発信者から受信者へ伝えられるといっても，じつに膨大な，しかも多種多様な情報が存在するわけであり，そうした情報の多さを計量化するのはむずかしい。ここでは総務省の発行する情報通信白書（平成16年版）での資料をもとに，社会のなかにあるさまざまな情報の流れを情報流通量という概念に基づいてみていくことにする。

情報が生み出されてから発信者の手を経て受信者に送り届けられるまでのプロセスは，いくつかの段階に分けて考えてみることができる。それぞれの段階ごとの情報流通量は表6-1のように定義されている。なお，これらの5つの情報量にはそれぞれ，マスメディアによる社会的情報環境に関するものとパーソナルメディアによる対人的情報環境に関するものが含まれている。

上記の情報通信白書には，1992年〜2002年の各種情報流通量の推移が示されている（図6-2参照）。この図から明らかなように，いずれの情報量も一貫して伸びているが，とりわけ選択可能情報量の伸びが著しい。高速・大容量のデー

表6-1　5つの情報流通量の定義
（総務省情報通信政策局情報通信経済室，2004a）

情報流通量の項目	定　義
原発信情報量	各メディアを通じて流通した情報量のうち，当該メディアとしての複製や繰り返しを除いたオリジナルな部分の情報の総量
発信情報量	各メディアの情報発信者が，1年間に送り出した情報の総量。複製を行って発信した場合及び同一の情報を繰り返し発信した場合も含む
選択可能情報量	各メディアの情報受信点において，1年間に情報消費者が選択可能な形で提供された情報の総量
消費可能情報量	各メディアの情報受信点において，1年間に情報消費者が選択可能な形で提供されたもののうち，メディアとして消費が可能な情報の総量※
消費情報量	各メディアを通じて，1年間に情報の消費者が実際に受け取り，消費した情報の総量

消費可能情報量の「消費可能」とは，個別メディアごとでの情報の消費可能を意味している。
多くのメディアにおいて，選択可能情報量と消費可能情報量は，原則同じ情報流通量をとるが，いわゆる「放送系メディア」においては，2つの情報流通量は異なる値となる。（例：テレビ放送）

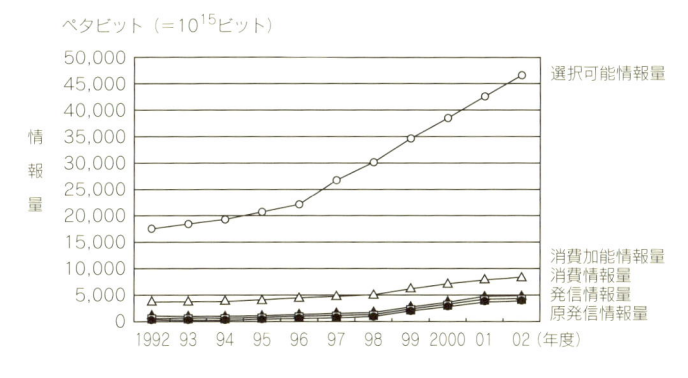

図6-2　各種の情報流通量の推移
（総務省情報通信政策局情報通信経済室，2004aより一部改変）

タ通信やインターネット，携帯電話の普及にともなって，大量の情報が社会に流れ出されているようすが容易に読みとれる。さきほどの「情報洪水」，「情報氾濫」といった印象は，こうしたデータから裏づけることができる。

(2)個人生活における情報化の流れ

　同じく情報通信白書に従って，次に個人の家庭生活のレベルでの情報化をみ

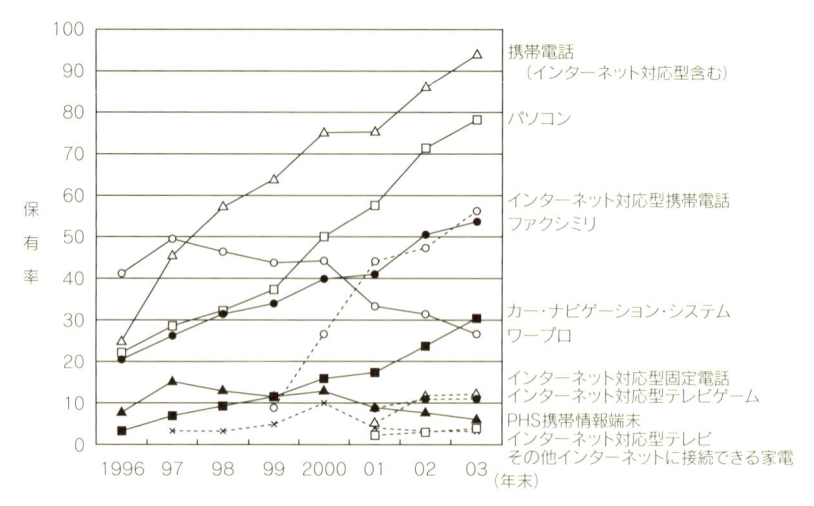

図6-3　おもな情報通信機器の保有率（世帯）の推移
（総務省情報通信政策局，2004より一部改変）

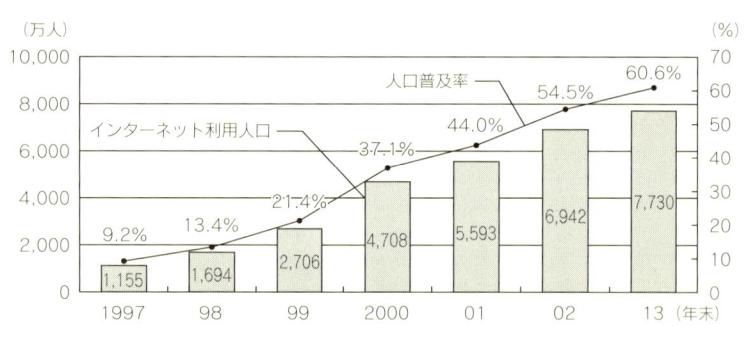

※1　上記のインターネット利用人口は，パソコン，携帯電話・PHS・携帯情報端末，ゲーム機・TV機器等のうち，1つ以上の機器から利用している6歳以上の者が対象。
※2　平成15年末のわが国の人口普及率（60.6%）は，本調査で推計したインターネット利用人口7,730万人を，平成15年末の全人口推計値1億2,752人（国立社会保障・人口問題研究所『我が国の将来人口推計（中位推計）』）で除したもの（全人口に対するインターネット利用人口の比率）。
※3　平成9～12年末までの数値は「情報通信白書（平成12年までは通信白書）」より抜粋。平成13年末，14年末の数値は，通信利用動向調査の推計値。
※4　推計においては，高齢者及び小中学校の利用増を踏まえ，対象年齢を年々広げており，平成12年末以前の推計結果については厳密に比較できない（平成11年末までは15～69歳，平成12年末は15～79歳，平成13年末から6歳以上）。

図6-4　インターネット利用人口および人口普及率の推移
（総務省情報通信政策局，2004より一部改変）

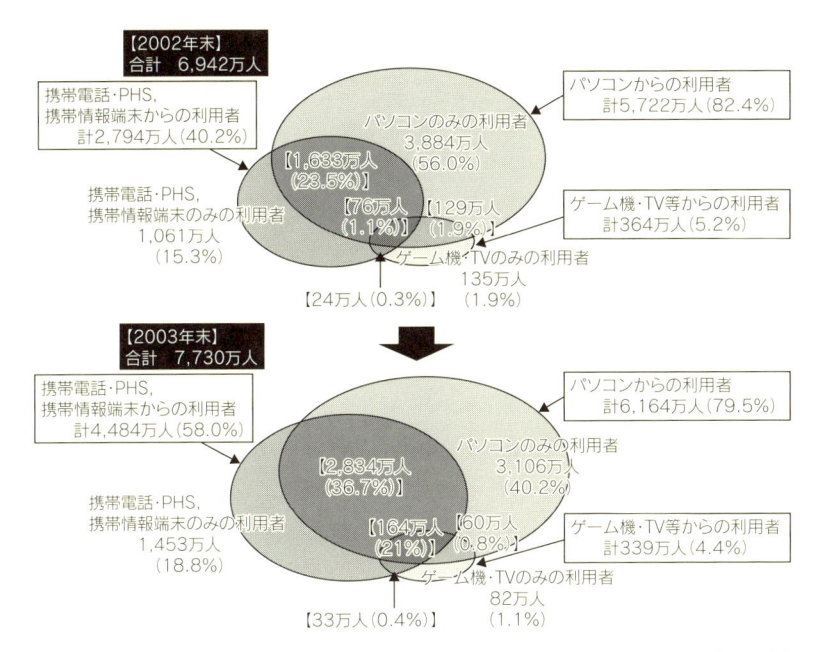

6章 メディア社会と人間の暮らし / 113

【2002年末】 合計 6,942万人

- 携帯電話・PHS, 携帯情報端末からの利用者 計2,794万人(40.2%)
- パソコンからの利用者 計5,722万人(82.4%)
- パソコンのみの利用者 3,884万人(56.0%)
- 【1,633万人(23.5%)】
- 【76万人(1.1%)】【129万人(1.9%)】
- ゲーム機・TV等からの利用者 計364万人(5.2%)
- 携帯電話・PHS, 携帯情報端末のみの利用者 1,061万人(15.3%)
- ゲーム機・TVのみの利用者 135万人(1.9%)
- 【24万人(0.3%)】

【2003年末】 合計 7,730万人

- 携帯電話・PHS, 携帯情報端末からの利用者 計4,484万人(58.0%)
- パソコンからの利用者 計6,164万人(79.5%)
- パソコンのみの利用者 3,106万人(40.2%)
- 【2,834万人(36.7%)】
- 【164万人(2.1%)】【60万人(0.8%)】
- ゲーム機・TV等からの利用者 計339万人(4.4%)
- 携帯電話・PHS, 携帯情報端末のみの利用者 1,453万人(18.8%)
- ゲーム機・TVのみの利用者 82万人(1.1%)
- 【33万人(0.4%)】

※【 】内は，3つの円の重なり部分の人数。( )内は，6歳以上のインターネット利用者に占める割合。なお，端数処理のために，一部合計値が一致しない箇所がある。

図6-5　端末別にみた個人のインターネット利用者数・比率
(総務省情報通信政策局, 2004より一部改変)

てみよう。各種の情報通信機器の保有状況は図6-3のとおりである。

また，日本の個人のインターネットの利用者は2002年末の時点で約7,730万人と推計されている（図6-4参照）。それらの利用状況の端末別にみると，個人のインターネット利用は，複数の端末によるものへと変化していることがわかる（図6-5参照）。

(3)情報化社会の進展による個人生活の変化

情報化の動向は，国家や地域の産業・経済に大きな影響を及ぼしている。それは，経済市場が拡大し，新たな雇用が創出されるからである。ここでは，そうした産業・経済の面ではなく，私たちの身近な暮らしへの情報化のかかわりを，とくにインターネットの利用に焦点を当てて考えてみよう。

前述の情報通信白書には，インターネットに関する利用者の意識に関する社

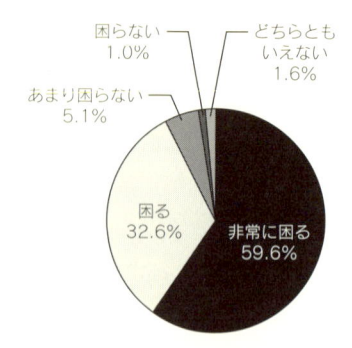

図6-6 インターネットの重要度に関する意識
(総務省情報通信政策局情報通信経済室，2004bより一部改変)

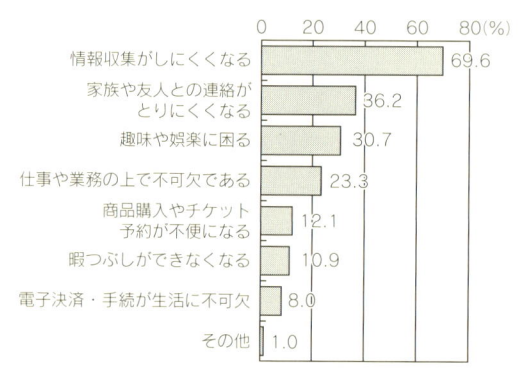

項目	%
情報収集がしにくくなる	69.6
家族や友人との連絡がとりにくくなる	36.2
趣味や娯楽に困る	30.7
仕事や業務の上で不可欠である	23.3
商品購入やチケット予約が不便になる	12.1
暇つぶしができなくなる	10.9
電子決済・手続が生活に不可欠	8.0
その他	1.0

円グラフ：非常に困る 59.6%、困る 32.6%、あまり困らない 5.1%、困らない 1.0%、どちらともいえない 1.6%

図6-7 インターネットが使えなくなって困る理由（複数回答）
(総務省情報通信政策局情報通信経済室，2004bより一部改変)

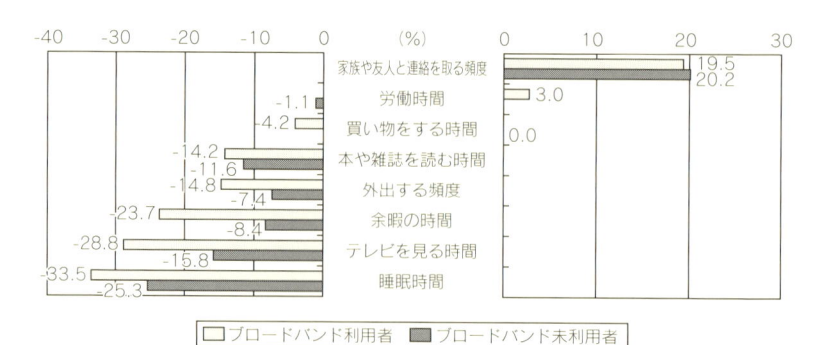

項目	ブロードバンド利用者	ブロードバンド未利用者
家族や友人と連絡を取る頻度	19.5	20.2
労働時間	3.0	0.0
買い物をする時間	-1.1	-4.2
本や雑誌を読む時間	-14.2	-11.6
外出する頻度	-14.8	-7.4
余暇の時間	-23.7	-8.4
テレビを見る時間	-28.8	-15.8
睡眠時間	-33.5	-25.3

※各項目に対して「増加した」と回答した利用者の割合から「減少した」と回答した利用者の割合を差し引いたもの。

図6-8 インターネット利用による生活の変化
(総務省情報通信政策局情報通信経済室，2004bより一部改変)

図6-9　ユビキタスネットワーク社会の実現イメージ
（総務省情報通信政策局情報通信経済室，2004bより一部改変）

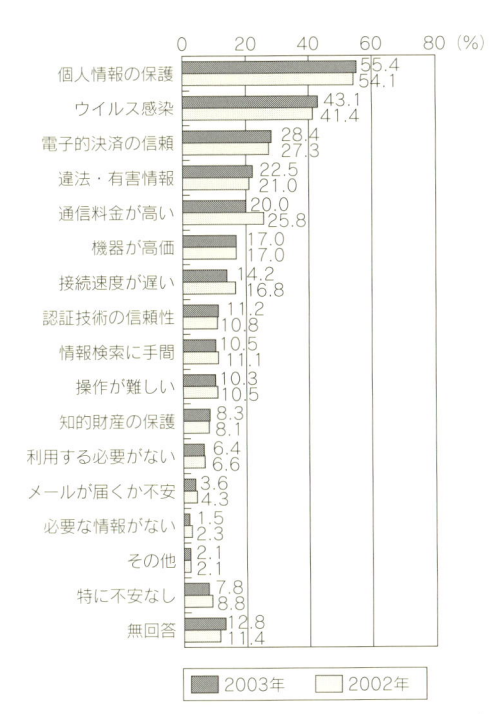

項目	2003年	2002年
個人情報の保護	55.4	54.1
ウイルス感染	43.1	41.4
電子的決済の信頼	28.4	27.3
違法・有害情報	22.5	21.0
通信料金が高い	20.0	25.8
機器が高価	17.0	17.0
接続速度が遅い	14.2	16.8
認証技術の信頼性	11.2	10.8
情報検索に手間	10.5	11.1
操作が難しい	10.3	10.5
知的財産の保護	8.3	8.1
利用する必要がない	6.4	6.6
メールが届くか不安	3.6	4.3
必要な情報がない	1.5	2.3
その他	2.1	2.1
特に不安なし	7.8	8.8
無回答	12.8	11.4

図6-10　個人のインターネット利用における問題点
（総務省情報通信政策局，2004）

図6-11 企業の情報通信ネットワーク利用における問題点（複数回答）
（総務省情報通信政策局，2004より一部改変）

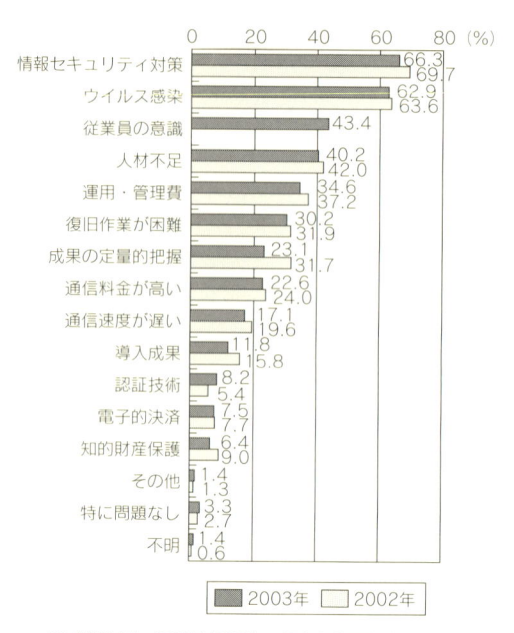

※「従業員」の意識は2003年の調査から選択肢に追加したため，2002年のデータはない。

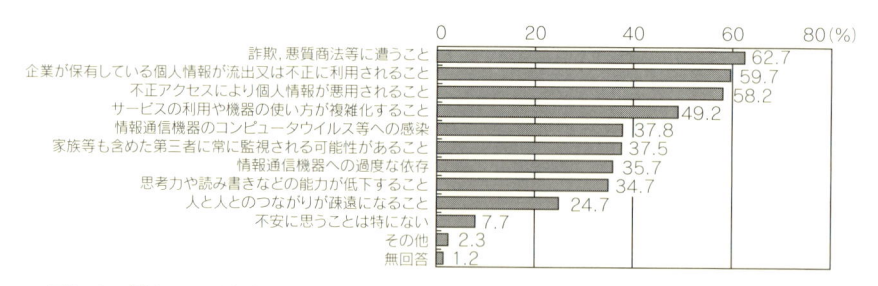

図6-12 個人がユビキタスネットワークサービスを利用するうえでの不安（複数回答）
（総務省情報通信政策局情報通信経済室，2004cより一部改変）

会調査の結果も示されている。たとえば，インターネットの利用者の9割以上が利用できなくなると「非常に困る」または「困る」と回答している（図6-6）。その理由は圧倒的に，日常的に情報収集の手段としているからである（図6-7）。また，インターネットの利用によって，以前よりも睡眠時間や余暇，休息の時

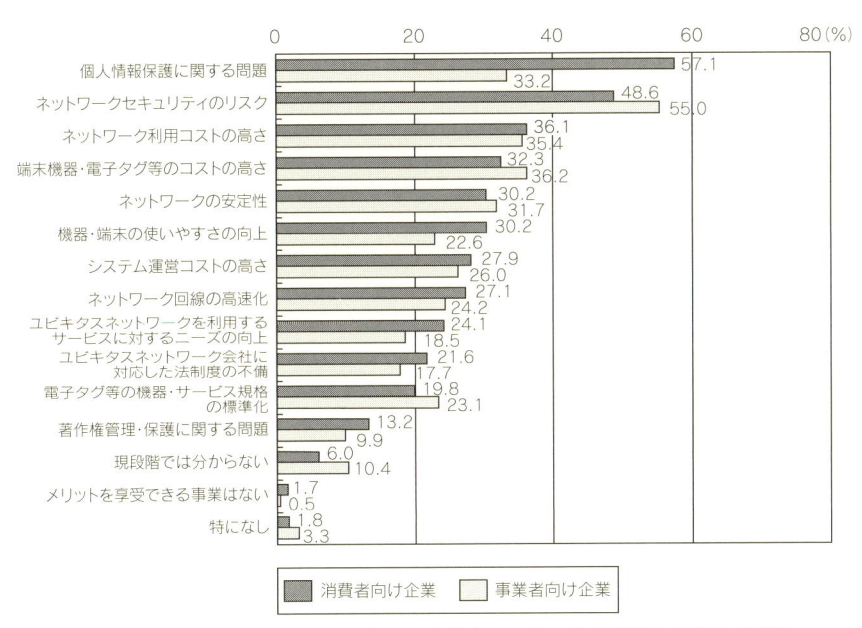

図6-13　企業がユビキタスネットワーク社会のメリットを享受するうえで解決すべき課題（複数回答）
（総務省情報通信政策局情報通信経済室，2004dより一部改変）

凡例：■消費者向け企業　□事業者向け企業

項目	消費者向け企業	事業者向け企業
個人情報保護に関する問題	57.1	33.2
ネットワークセキュリティのリスク	48.6	55.0
ネットワーク利用コストの高さ	36.1	35.4
端末機器・電子タグ等のコストの高さ	32.3	36.2
ネットワークの安定性	30.2	31.7
機器・端末の使いやすさの向上	22.6	30.2
システム運営コストの高さ	27.9	26.0
ネットワーク回線の高速化	27.1	24.2
ユビキタスネットワークを利用するサービスに対するニーズの向上	24.1	18.5
ユビキタスネットワーク会社に対応した法制度の不備	21.6	17.7
電子タグ等の機器・サービス規格の標準化	19.8	23.1
著作権管理・保護に関する問題	13.2	9.9
現段階では分からない	6.0	10.4
メリットを享受できる事業はない	1.7	0.5
特になし	1.8	3.3

間が減少しているようである（図6-8）。

　メディア社会の発展，情報メディアの普及により，個人が多くの情報を入手できるようになったことは当然である。個人の情報入手の促進，知識の充実という面以外での，日常の家庭生活にもたらされるメリットは，利便性と安全性という2つのことばに集約される。情報化がすすむことにより，さまざまな点で便利で，しかも安全で快適な暮らしにつながると思われることは少なくない。たとえば，前述のユビキタスネットワーク社会の実現によって，より豊かで便利で安全な生活が築けそうに思われる（図6-9）。

　そうした肯定的な側面ばかりでなく，個人はそうした社会のあり方に不安や不満を抱いていることも事実である（図6-10～図6-13）。そのため，新たな法律の制定やこれまでの法律の修正，情報通信サービス面でのさまざまな改善の努力が求められているだけでなく，利用者の側が意識を改め，自ら慎重に対処しなければならない部分があることはいうまでもない。

これらの問題点から，情報メディアとどのようにうまくつきあうべきかということが，いまあらためて問われなければならない（越智・土屋・水谷，2000）。テクノストレス（technostress）＊（Brod，1984）に代表されるように，社会の情報化や情報機器をまったく受け入れないというのも，その逆に，まったく頼りすぎてその世界に入り込んでしまうというのも日常生活に支障をきたすことになる。そうした，いわばメディア社会がもたらす個人の心の問題についてどう取り組むべきか，今後十分に検討される必要があるだろう。

【引用文献】

Brod, C. 1984 *Technostress : The human cost of the computer revolution.* Mass. : Addison-Wesley Puclishing Company. 池 央耿・高見 浩（訳）1984 テクノストレス 新潮社
越智 貢・土屋 俊・水谷雅彦 2000 情報倫理学 電子ネットワーク社会のエチカ ナカニシヤ出版
総務省（編） 2004 平成16年版 情報通信白書 世界に拡がるユビキタスネットワーク社会の構築 ぎょうせい
総務省情報通信政策局 2004 平成15年通信利用動向調査報告書：世帯編（総務省（編）2004 平成16年版 情報通信白書 所収）
総務省情報通信政策局情報通信経済室 2004a 平成14年度情報流通センサス報告書（総務省（編） 2004 平成16年版 情報通信白書 所収）
総務省情報通信政策局情報通信経済室 2004b ネットワークの現状と課題に関する調査（総務省（編） 2004 平成16年版 情報通信白書 所収）
総務省情報通信政策局情報通信経済室 2004c ユビキタスネットワーク社会の国民生活に関する調査報告書（総務省（編） 2004 平成16年版 情報通信白書 所収）
総務省情報通信政策局情報通信経済室 2004d 「企業のユビキタスネットワーク利用動向調査」報告書（総務省（編） 2004 平成16年版 情報通信白書 所収）

【関連サイト】

総務省（日本の情報通信に関する行政機関） http://www.soumu.go.jp

第3部
教育の効率を高めるメディア利用

　あなたは，子どもに家庭教師をつけるのと，その子どもにパソコンを買ってあげるのでは，どちらが教育的にみて有意義な先行投資だと思いますか？

　教育費にお金がかかりすぎることは，実質的な教育の機会均等を妨げることになるので，これはどうしても防がなくてはなりません。けれども，大切な子どもにだけは最高の教育環境を与えてやりたいと思う人は少なくないでしょう。自分の能力や適性に応じて，自分のしたい内容を自分で学習できるという意味では，コンピュータを土台にした視聴覚メディアは，非常に重要な道具であるといえます。

　本書第3部では，一人ひとりの個性と能力を引き出すために，また，むだな時間を省いて教育の効率を高めるために，いわゆるマルチメディアとネットワークを，どのようなかたちで活用すればよいかを具体例をあげながら詳しく説明しています。

情報の視覚化と複数の感覚を活用する教育

7章

愛　：この写真，覚えてる？　城崎に行ったときのヤツよ。
翔太：城崎なんて，行ったっけ？　だいたい城崎ってどこだっけ？
愛　：ひどーい，何よ，それ。忘れたの？
翔太：うん，でも，この写真。
　　　そうそう，寒いときに浴衣着て，雪の積もってる川の横，歩いたよね。
　　　カタカタ下駄鳴らしながら。
　　　ちょっと遠くの，岩でできた露天風呂，入ったあと。
愛　：へぇ，そういう場面は，けっこう
　　　よく覚えてるじゃないの。
翔太：だけど，いつ，どこへ行ったとか，
　　　ことばで覚えるのって，苦手なんだよな。
　　　そのときのイメージは，完全に出て
　　　くるんだけどなぁ。
愛　：へぇ，不思議なヒト。私なんか，そう
　　　いう記念になることは，全部，日記に
　　　書いてるから，忘れないんだ
翔太：オレなんか，書かなくても，
　　　頭に残ってるもんね。
愛　：何よ偉そうに。どこへ行ったかも忘れてしま
　　　ってるくせに。

1　学習しやすい情報の形

(1) 情報の具体性と抽象性

　文字や音声言語だけでなく，挿絵やイラストなどを使用すれば，コミュニケーションを円滑にすすめることができることは，本書の3章や5章でも詳しく論じている。

　図7-1は，カナダにおいて，マハラージ（Maharaj, 1980）が開発したPIC（Pictogram Ideogram Communication）という視覚シンボルのコミュニケーション・システムの絵単語の例である。ここでは，「ほしい」「あげる」「もらう」という3つの概念が，2種類の視覚シンボルでそれぞれ表現されている。

図からも明らかなように，上には抽象的なシンボルが示されており，下にはより具体的に人間の行動を示すシンボルが描かれている。初めて見るときには，下の具体的な絵のほうが，何を表現しているのかわかりやすい。しかしながら，頻繁にそのシンボルを使用する場合や，抽象的なできごとや考えを伝達したい場合には，上に示すシンプルで抽象性の高いシンボルのほうが適切な場面が出てくる。

図7-1 具体的な絵単語と抽象的な絵単語
(Maharaj, 1980)

次に，図7-2をみてみよう。顕微鏡を表現している4つの視覚イメージ情報は，それぞれ図の左から，写真，イラスト，イ

図7-2 視覚イメージ情報の抽象性
(Wileman, 1993)

メージ関連シンボル，概念関連シンボルと分類されるシンボルのタイプを表わしたものである（Wileman, 1993参照）。左から右へいくほど，シンボルは抽象的になっていく。さきほどの図7-1に戻って考えてみると，その上のほうの3つの絵単語は，概念関連シンボル，下の3つの少し具体的な絵単語はイメージ関連シンボルということになる。

ここで，確認しておきたいことは，シンボルは，その場の状況に応じていくつかのタイプが使い分けられるべきであって，常に具体的なものがよいとは限らないということである。たとえば，図7-2のなかの左の写真は，顕微鏡を見たことのない人にとっては，どこの部分が顕微鏡で，どこの部分が背景なのかということすらわからないかもしれない。その場合は，左から2つめのイラストのほうが，顕微鏡にとっての重要な部分のみを記述しているのでわかりやすいことになる。

一番右側の概念関連シンボルは，細部の記述を省略してシンプルな形で表現

されている。しかし、顕微鏡の重要な構成要素までも落としてしまっているため、これも、初めて見る人にとっては、わかりづらいかもしれない。その点、イメージ関連シンボルは、多少記述が細かく、小さくなるとわかりにくいことや、何度も使うにはシンボルとして具体的すぎるという欠点はあるが、顕微鏡をよく知っている人たちにとっては、一目でそれだということがわかりやすいシンボルだということができる（ワイルマン・井上・北神・藤田, 2002参照）。

　写真やイラストなどの具体的なシンボルの欠点は、絵としての抽象度が低いために、特定の事例を示すのには適しているが、いろいろなタイプの事例を示すには、問題があるという点である。たとえば、顕微鏡ひとつをとっても、図7-2のような顕微鏡なら個々の写真やイラストでうまく表現できても、異なるタイプの顕微鏡とは外見が大きく異なっている可能性も出てくる。表わされるものが抽象的な概念になればなるほど、このような事態は深刻で、そのような場合は、やはりシンボルとしても抽象的なものを採用したほうがいい場合が多いということになる。

　そもそも言語とは、一般的には、示すものと示されるもののあいだに、なんら必然的な物理的類似性が存在しないことが多いのであるから、シンボルそのものには、実際のものをイメージさせるような具体性は備わっている必要はないともいえる。しかし、いわゆる言語を処理するためには、人間は無意識のうちに多くの認知処理過程を動員しているわけで、その負担を軽減するためにも、また、その機能を補完するためにも、具体的な視覚イメージ情報の提示は大きな意義があると考えられる。

(2) 画像情報の効果に関する心理学実験

　北尾と岡本（1993）は、物語の記憶と理解に及ぼす画像情報の効果について、興味深い実験心理学的な研究を行なっている。実験参加者は小学校2年生156名で、6分間カセットテープに録音された物語だけ聞く統制群と、音声情報とともに紙芝居を見る紙芝居群、音声情報を聞きながら紙芝居の内容と対応づけのあるアニメを見るビデオ群の3群に分けられた。さらに、紙芝居とビデオには、モノクロとカラーの2種類のものが用意された。

　その結果、逐語的な記憶テストにおいては、カラーの画像を見たグループが、

モノクロの画像を見たグループよりも成績がよいことが示された。また、もうひとつの推論テストとよばれるものの成績においては、ビデオ群の成績が紙芝居群の成績を上回った。すなわち、物語文の理解や記憶は、同時に提示される画像の質に依存している。また、紙芝居のような静止画は物語における前後の文脈を表現することがむずかしく、このような点では、ビデオのような動画の情報に劣ることが示された（図7-3参照）。

もっとも、紙芝居やアニメを見せられなくても、音声情報を聞いて子どもたちが、自分自身で視覚的なイメージ喚起できることや、不足する情報を自分自身で補って理解していくことは大切だと考えられる。とりわけ、読解力を養成していく際には、常に理解を助ける視覚情報を提示するのではなく、そのようなイメージを喚起して、そのイメージと言語情報を関連づけて理解していく態度が必要である。

前述の研究を発展させた岡本の一連の研究（岡本，1995；1996；岡本ら，1997）では、画像情報と音声情報の提示順序を変えた実験や、一定の時間を経過した後の記憶成績に及ぼす音声情報・画像情報の効果を調べた実験、提

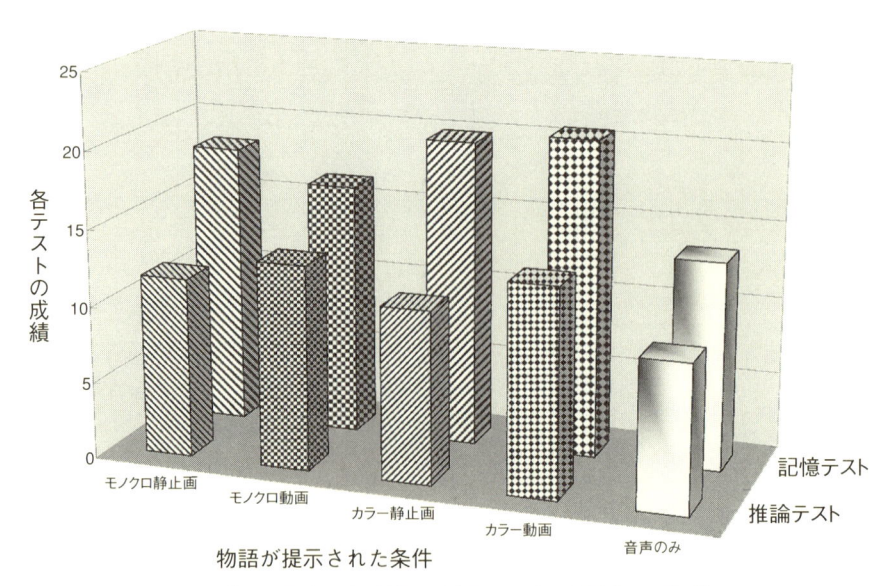

図7-3　北尾と岡本の実験結果（北尾・岡本，1993より作成）

示情報に関する実験参加者の知識を操作した実験などが報告されており，教育的に示唆にとんだ結果が数多く導き出されている。

(3) 情報の記憶と二重符号化説

学術的には，認知心理学のなかの記憶や言語理解に関する研究領域で，二重符号化説（dual coding theory）という考え方が提唱されている（Paivio, 1986）。図7-4が示すとおり，この理論によると，人間は情報を処理するときに，「言語システム（verbal system）」と「イメージシステム（image system）」とよばれる，2つの独立した認知システムを用いて，情報の符号化や体制化，そして貯蔵や検索などを行なっているとされる（図7-4）。

前者は言語情報処理をつかさどり，後者は視覚イメージの処理など非言語的な情報の処理をすると考える。この考え方は，図7-5で説明されている大脳半球の機能差の考え方と一致するものである。すなわち，「言語システム」とは左半球の機能に相当し，「イメージシステム」は右半球の機能に相当する。

人間が頭のなかで，ことばで聞いた事柄を視覚イメージに変換することは，イメージ的符号化とよばれることがある。このことは，図7-4では，2つのシステムを結ぶ矢印を左から右に情報が流れることを意味している。また，図7-

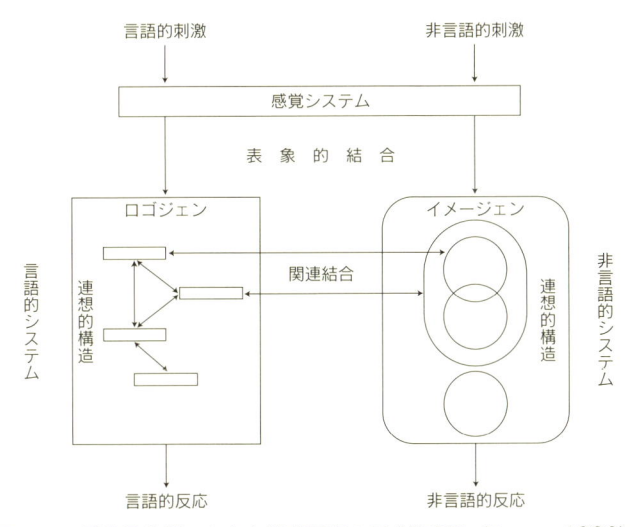

図7-4　二重符号化説のおもな構成要素の図式的表現（Paivio, 1986）

5の大脳半球に対応させると、左半球と右半球を結ぶ脳梁とよばれる神経線維の束を電気的信号が通過することを意味している。逆に、視覚イメージ情報を処理する際に、頭のなかでことばに置き換えるようなことは、言語的符号化とよばれるが、これは同じ箇所で情報が逆向きに伝達されていることを意味している。

大脳左半球	大脳右半球
言語処理	視覚イメージ処理
デジタル処理	アナログ処理
継時的処理	空間的処理
分析的処理	総合的処理
抽象的処理	具体的処理

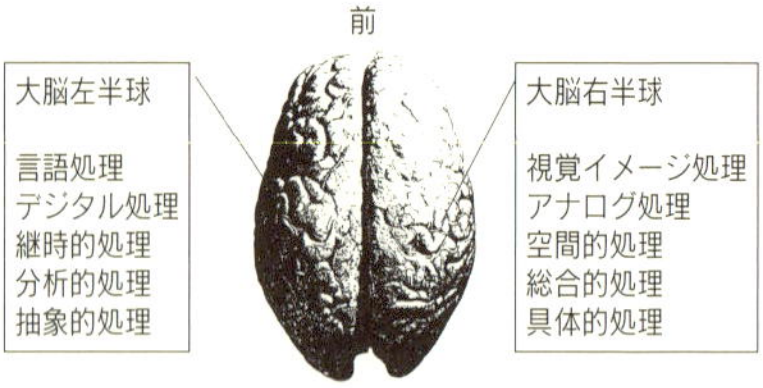

図7-5　人間の情報処理における大脳半球機能差

2　情報の視覚化とビジュアル・コミュニケーション

(1)ことばで記述しにくい情報

　車の運転やネクタイの結び方、おいしい鍋の作り方などの技能は、それを知らない人たちに、ことばだけで伝達しようとするとむずかしい情報が存在する。認知心理学では、このような内容を「手続き的知識（procedural knowledge）」とよび、ことばのみで記述しやすい「宣言的知識（declarative knowledge）」と区別する。

　つまり、ことばによる机上の学習だけでは不十分で、実際に身体を動かして身につけるとか、シミュレーション*を見て学ぶような体験から習得されやすい知識をさす。おそらく、私たちはそのような知識を、言語の形にして脳のどこかに記憶しているのではなく、身体が無意識的に覚えているといったほうが適切なのかもしれない。

　このように、情報のなかには、言語情報のみでは実際の姿が伝えられないものがたくさん存在することがわかる。そうすると、そのような情報を伝達するときには、当然、言語以外の形の情報に頼らなければならない。それを可能にするものには、地図やイラスト、線画のような絵のほかに、写真や模型、アニメーションなどさまざまな視覚イメージ情報が存在する。図7-6では、手続きや技能の視覚化の例を示している。

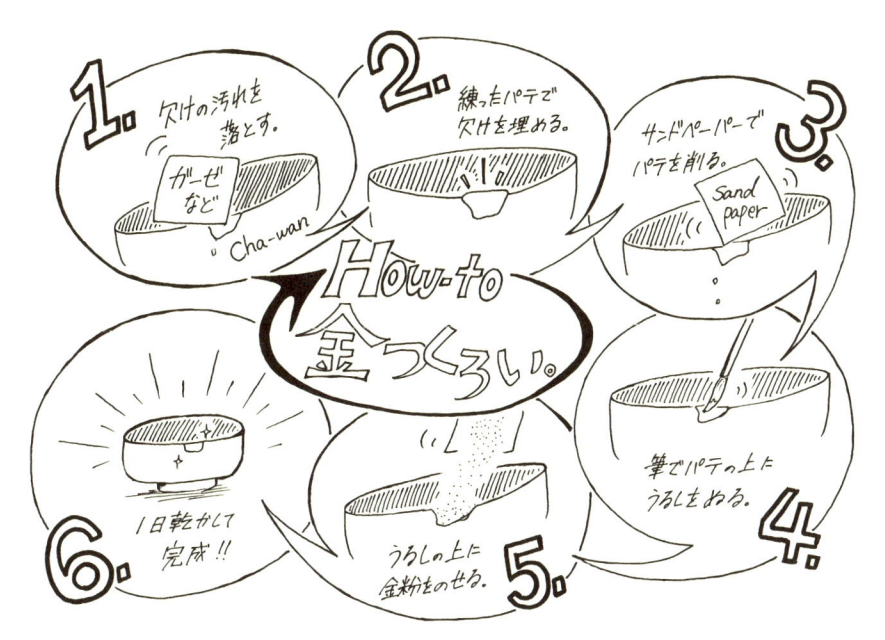

図7-6　手続き的知識を視覚イメージ情報を用いて説明した例
「金つくろい」という一般の人たちには知られていない作業の工程をわかりやすい視覚イメージ情報（イラスト）を用いて説明した例（イラストは西村麻未氏による）。文字情報だけでは、伝わりにくい手続きについての情報は、視覚イメージ情報とともに、いくつかのステップに分けて、記述することによって、その具体的な内容を伝達することが可能になる。ATMでの現金の振込みや航空券のインターネット上での予約や購入、相手が知らない会場への道案内など、かなり複雑な手順がかかわってくる説明には、このような視覚イメージ情報やいくつかのステップに分けた具体的な説明は、非常に有効な情報になることが多い。それらを体験したことのない人たちへの情報提示として、ことばによる説明だけでは不十分で、多くの場合は誤解されるか、正しく伝わらないことになる。

(2) アニメーションを用いた視覚化

　視覚シンボルの研究（清水，2003）からは、動物や乗り物などの具体的な名詞を、わかりやすい視覚シンボルにデザインしていくことは比較的簡単であるが、愛や平和などの抽象的な名詞や動詞などは静止画としてデザインすることは困難であることが読み取れる。とりわけ複雑な動きをともなうような動詞や、いくつかの連続する行為をひとつの概念で表現するような場合は、単一の静止画で表現することはきわめて困難である。

「車に乗る」と「車から降りる」の2つのアニメーション動画は、いずれも7つの静止画のフレームで構成されている。1番左に示された静止画は、矢印で人間の動きを表現しようとしたものである。静止画を用いて、動詞が示すような動きを表現することは一般的には困難である。また一番下の「運転する」のアニメーションは9枚の相互に似通った静止画のみで構成されているが、実際に手を動かしているようすが読み取れる（図7-7）。

そのようなときに役立つのが、単純なアニメーションである。アニメーションは、基本的には一部の情報のみが異なる類似した一連の静止画を、人間が連続して見ることにより、そのなかに動きを知覚する一種の錯視である。実際には動いていない視覚刺激から、見かけの運動を知覚するという意味で、仮現運動*とよばれている（大山，2000）。踏切の2つの赤信号が左右交互に点滅するときに、光が左右に移動しているように見えるのもこの仮現運動である。映画やテレビの動きも、基本的にはこの原理を応用している。

また、アニメーションでは、そのもの自体は、ほとんど位置を変化させずに、周囲の景色が少しずついずれかの方向に変化して、ある対象物が動いているように感じさせる技法を用いることもある。たとえば、フレームのなかでは、常に中央に置かれている飛行機が、周囲の雲が右方向に移動しているだけなのに、飛行機それ自体が逆の左方向に飛んでいるように見えることがある。これは知覚心理学でいうところの誘導運動を応用したものである。ホームの停まってい

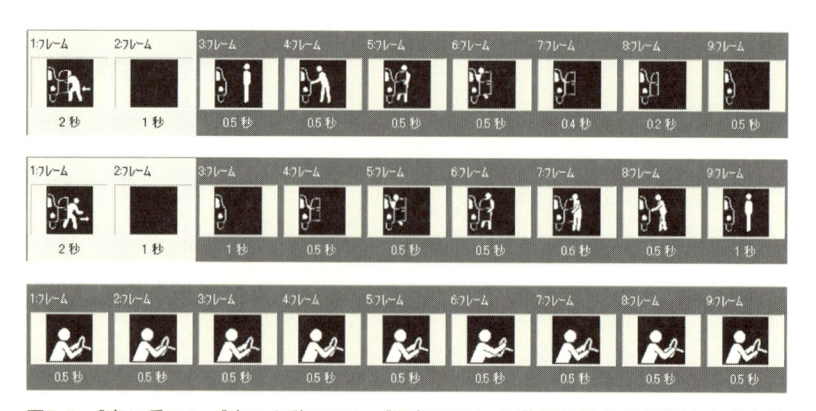

図7-7　「車に乗る」，「車から降りる」，「運転する」の動詞の概念を表現したそれぞれのアニメーション（資料提供はオフィス・スローライフ）

る電車に乗っているときに，隣り合わせになった列車が動き出したときに，自分の電車が反対方向に動いたように錯覚するのもこの原理で説明できる。誘導運動もやはり知覚上の見かけの運動である。

いずれにしても，動きを取り入れることにより，かなり複雑な概念や事象がよりわかりやすく説明できる場合が少なくない。このようにアニメーションを活用することは，新聞や雑誌，本などの紙を使用したメディアではむずかしいことであり，視聴覚メディアの特性を活かせるひとつの有力な領域であると考えられる。

3 複数の感覚を活用する教育

(1) 具体的な理解が必要な学習とその教育方法

教師のことばと教科書の説明などの言語情報だけに頼って，学習者が抽象的に学習内容を理解するだけでなく，写真や絵画，そして3次元のグラフィックス，アニメーションの動画なども利用して，視覚的なイメージをふくらませながら，より具体的な形で学習をすすめていくことに，大きな利点があることは，心理学的な研究だけではなく，教育現場での経験などからも明らかである。

ただし，学習する内容や学習者の年齢や発達段階の違いによっても，その教育方法や教授法は異なってくることになる。たとえば，幼児が外国語を身につけるための学習方法は，大学生が第二外国語を学習するときの方法と異なっているのが当然である。前者では，具体的な状況や場面が疑似体験できるような情報をふんだんに用いての具体的な教育方法が効果的なはずであるし，後者では，文法などの規則を抽象的に理解させるような教育方法のほうが，おそらく効果的で効率がよいことになる。

学習する教科やその単元によっても，教育方法は大きく異なるのが普通である。たとえば，同じ社会科でも歴史上のできごととそれが起こった年の組み合わせを覚えるためには，視覚イメージ情報よりも語呂合わせなどの音声言語の音韻的な符号化を用いるのが効果的である。しかし，地理の学習において，地図の読解や縮尺と距離の関係などを学習するためには，視覚イメージ情報は欠かせないものとなる。数学科の代数と幾何の学習の関係にも，おそらく同様の

ことが当てはまる（井上，1995）。

(2)習得と学習の違いとそれぞれの教授法

　通常の外国語学習では，文法などの抽象的な規則を理解することや機械的に単語の意味を暗記することなどが求められることが多い。このような教授法は，文法訳読法といって古典的な語学の学習方法といえる。最近では，コミュニケーション能力を育成するために，各種のコミュニカティブなアプローチが模索されている。そのなかでも，ある言語を教えるのではなく，学習の目標となる言語で授業をすすめるイマージョン教育*という方法が脚光を浴びている。ここでは，教室のなかの状況や教師と子どもの関係など，豊富な文脈的手がかりを用いて，言語を理解することが可能で，第一言語の獲得と比較的類似した環境のなかで第二言語を習得することができると考えられている。

　このイマージョン教育の研究を行なったカナダのカミンズ（Cummins, 1991）は，第二言語の習得に関して，言語能力という操作的にもとらえることがむずかしい能力を，2つのタイプの能力に分けて議論している。ひとつはコミュニケーションを重視した会話力のようなものをさすのに対して，他方は外国語の文法の時間に必要とされるような能力をさすと考えられる。前述の文法訳読法などの授業では，前者のようなコミュニケーション可能な言語能力が身につきにくいのに対して，イマージョン教育では，自然なコミュニケーション場面のなかで第二言語が身につく可能性が大きくなることが説明される。

　また，この2つの言語能力の分類に関連して，「習得（acquisition）」という用語と「学習（learning）」という用語が使い分けられることがある。応用言語学の研究者クラッシェン（Krashen, 1982）は，彼のモニター仮説とよばれる第二言語習得に関するひとつのモデルのなかで，「習得された能力」と「学習された能力」という別個のものを想定している。そして，意図的な学習で得られた能力は，言語使用の実際の場面では，単にモニターの機能を果たす処理過程としてはたらくだけにすぎず，流暢な発話などを産出できるのは「習得された能力」が関与する片方のシステムであるとしている。要するに，そこでは，意識的に学習したような第二言語の能力は，コミュニケーション場面ではほとんど役に立たないと主張される。このモデルが正しいとすると，イマージョン

教育のような教育方法は，第二言語を「習得」するのに適した方法であり，それゆえコミュニケーション能力が十分育成できることが理論的にも期待される。

(3) マルチメディアやVR体験学習が効果的

前述のイマージョン教育は，たとえば，日本の学校の教室で英語が使用されるというように，日本にいながら，あたかも英語圏にいるような教育場面の設定のなかで学習が進行する状況を可能にしている。しかし，このような条件整備は簡単ではないことが多く，実際問題としても，そのような教育方法が用いられている学校は数少ない。

実際には経験することがむずかしいことを，疑似体験することによって学習する方法は，最近の情報技術の革新や教育メディアの開発によって可能になりつつある。たとえば，空気抵抗や摩擦のない理想空間に入り込んで，物理学の運動原理を擬似体験することは技術的に可能である。海外旅行中に起こり得るできごとを疑似体験して，その場にあった会話の練習を仮想上の対話相手とくり返すことも可能である。

また，医療の世界でも手術の技術向上のためにバーチャルリアリティ(virtual reality：VR) によるシミュレーションが用いられている。アメリカ合衆国で開発された外科手術シミュレータでは，ディスプレイを見ながら，実際のメスなどを操作して，血管縫合のシミュレーションが可能になっている。手術器具の先にはハプティックデバイスという装置が着けられており，それによって仮想空間上の位置を調べ，実際の手術時と同じような触感が得られることになる。このような領域では，技能の未習熟は生死にかかわることであり，VRを用いた教育プログラムが何よりも有効であると考えられる。

VRとは，身体や頭の動きにあわせて，コンピュータで作成された3次元の画像が，ヘルメット型の装置やメガネ型の装置などに提示されるもので，体験者はその空間内に入り込んだかのような仮想現実の感覚が得られる。また，データグローブ（手の動きなどを検知する装置），データスーツ（身体の動きなどを検知する装置）などを身につけることによって，バーチャル空間のなかで物に触れたり，移動したりといったことが可能になる（図7-8）。

フルーランドら (Fruland et al., 2002) は，海洋学で得られた調査研究結果

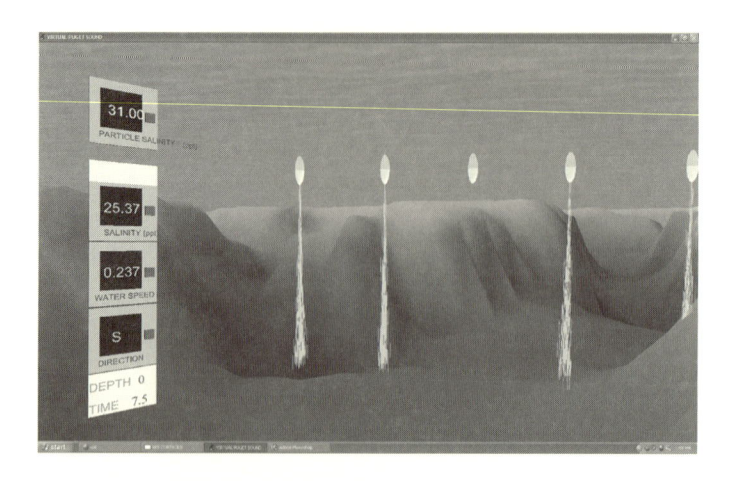

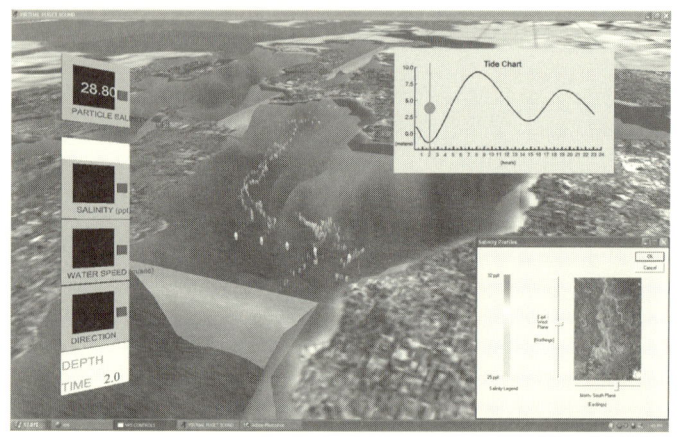

図7-8 VRを活用した海洋学の教材で用いられた3Dコンピュータグラフィクスの映像の具体例
各地点での海水の流れや塩分濃度などが表示される。
(資料提供は米ワシントン大学ホフマン博士)

を活用してコンピュータ・グラフィクスで3次元の映像を生成し、さまざまな自然条件でのシミュレーションを可能にした。学習者はこの仮想現実の海にもぐりこみ、海水の流れの速さやその向きを疑似体験するだけでなく、塩分の濃度などをディスプレイに示される数値から読み取ることができる。このような教材開発においては、教育の専門家が、コンピュータサイエンスの専門家やそれぞれの学術領域の研究者と連携することが必要になる。

従来のような教師から学習者への一方向の情報の伝達ではなく，学習者が今まさに必要としている情報を，臨場感をともなって提示することは，教育効果を向上さすものとして，非常に有効であると考えられる。マルチメディアやVR体験学習*は，今後も技術革新がさらにすすんで，装置や教材が安く手に入るようになれば，教育現場でかなりの普及が予想される。

【引用文献】

Cummins, J. 1991 Interdependence of first-and second-language proficiency in bilingual children. In E. Bialystok (Ed) *Language processing in bilingual children*. Cambridge University Press.

Fruland, R., Winn, B., Oppenheimer, P., Sarason, C., & Stahr, F. 2002 *Science Education Using a Computer Model-Virtual Puget Sound*. Presented at the American Geophysical Union (AGU) Fall Meeting San Francisco, CA.

井上智義　1995　生活のなかで習得する言語　村井潤一（編）障害児臨床と発達研究　コレール社

北尾倫彦・岡本真彦　1993　物語の記憶と理解におよぼす画像情報の効果　心理学研究，**63**，404-408.

Krashen, S. D. 1982 *Five hypotheses about second-language acquisition: Principles and practice in second language acquisition*. Pergamon Press.

Maharaj, S. C. 1980 *The Pictogram Program. Pictogram Centre.*　高橋雅延・井上智義・清水寛之・藤澤和子（訳）1995　視覚シンボルによるコミュニケーション：ピクトグラム・イディオグラム・コミュニケーション（PIC）　ブレーン出版

岡本真彦　1995　物語の理解と記憶における音声情報・画像情報の統合　関西心理学会第107回大会発表論文集，10.

岡本真彦　1996　物語の理解と記憶における音声情報・画像情報の役割　関西心理学会第108回大会発表論文集，19.

岡本真彦・湯川高志・八田武志　1997　音声情報・画像情報におけるスクリプトの役割　関西心理学会第109回大会発表論文集，24.

大山　正　2000　視覚心理学への招待：見えの世界へのアプローチ　サイエンス社

Paivio, A. 1986 *Mental representation: A dual coding approach*. New York: Oxford University Press.

清水寛之　2003　視覚シンボルの心理学　ブレーン出版

多鹿秀継・川口　潤・池上知子・山　祐嗣　1992　情報処理の心理学：認知心理学入門　サイエンス社

Wileman, R. E. 1993 *Visual communicating*. Educational Technology Publications.

ワイルマン，R. E.・井上智義・北神慎司・藤田哲也　2002　ビジュアル・コミュニケーション：効果的な視覚プレゼンの技法　北大路書房

8章 心理学を活かした教育実践のために

翔太：来週，コンピュータの実技試験があるけど，練習してる？
愛　：もちろんよ，もう完璧。翔太はどう？
翔太：練習しようと思ったけど，どこをどう操作したらいいのかわからなくて…。
愛　：授業に出てないからでしょ。でも，教科書通りの手順のハズよ。
翔太：教科書も見てるけど，イマイチよくわからないんだよね。
愛　：たしかにこういう操作の手順って，本を見ただけではわかりにくいわね。これって，なにか理由があるのかしら。
翔太：愛ちゃん，手取り足取り教えてくれない？
愛　：まさか，そのためにわざと授業を休んでるんじゃないでしょうね！？

　現在，パソコンの普及と高性能化によって，さまざまな視聴覚メディアが教育現場で利用可能になっている。インターネットの一般化もめざましく，ネット環境が学内だけではなく家庭にも構築されてきている。本書のいたるところで視聴覚メディアの活用方法については解説されているが，ただ単に視聴覚メディアを導入すれば「よい教育」になるわけではない。「使い方」が肝心なのである。また，本書にはさまざまな心理学の理論が概説されているが，当然のことながら，それらの理論を具体的な教育実践に活かせなかったら意味がない。本章の前半では視聴覚教育それ自体を題材にして，「学習」の中核をなす「記憶」の理論を，どのように具体的な教育実践に応用していくべきかを述べる。後半では，紙に印刷されたプリントからネット上のデジタルコンテンツまで含

め，多様な視聴覚メディアを利用した教育実践を例にあげながら，「効果的な」教育を実現するために必要な視点について取り上げる。

1 記憶の理論を教育方法に応用しよう

⑴さまざまな記憶と，それぞれの特徴

　教育および学習を語るうえで避けて通れないのが「記憶」である。記憶というとテスト直前の一夜漬けや丸暗記を連想するかもしれない。たしかにそれも記憶のはたらきの一側面であるが，じつは記憶は人間の活動の多くの部分を支える，大事なはたらきをしている。まずはそれを正当に理解してもらうためにも，心理学における記憶の分類法について簡単に紹介したい（2章も参照のこと）。

　人間の記憶は，まず，情報を保持できる期間によって，大きく「短期記憶」と「長期記憶」とに分類される。短期記憶は，ごく短い期間（数十秒）だけ情報を保持する記憶であり，最近では，単に情報の保持だけではなく，アクティブな情報処理も行なわれる場として概念化された，「作動記憶*」として扱われるようになったものである。一方，長期記憶は，非常に長い間──場合によっては半永久的に保持される記憶である。

　教育について考える際，一時的にのみ情報を保持することよりも長期にわたって（学校教育が終わったあとにも）活用できるように情報を保持することが求められるという意味では，長期記憶の性質について詳しく知っておくことが効果的に知識・記憶を獲得するうえでは重要となる（もちろん，新奇な情報を理解し，既有知識と関連づけるのには作動記憶も重要な役割を果たしているのだが）。以下では長期記憶について，さらに分類していこう。

　長期記憶は，さらに「宣言的記憶」と「手続き的記憶」に大別される。宣言的記憶は，言語的に表現可能であり，言語によって情報伝達が可能な記憶である。手続き的記憶は，言語的に表現することが困難で，実際に遂行することでその記憶を獲得していることが確認できるタイプの記憶である。たとえば「平安京遷都は794年」とか「昨日の夕食はカレーライスだった」という記憶は，言語的に表現可能であり，そのことを言語によって他者に伝えることが可能な

宣言的記憶である。一方,「自転車の乗り方」は言語で表現することが困難である。仮に「自転車の乗り方マニュアル」を文章化できたとして,その（言語で表現されている）マニュアルを他者が暗記したとしても,その他者は自転車に乗れるようにはならない。すなわち,「自転車の乗り方」の記憶は言語的に伝達することはできない手続き的記憶である。そして,手続き的記憶を獲得するためには,通常,学習者自身がくり返し反復練習するしかない。手続き的記憶のなかには,身体を用いるものだけではなく,おもに頭のなかで行なう認知的な処理に関するものもある（表8-1参照）。いわゆる「段取り」を習得する際にも,学習者自身がくり返し体験することが重要となる。

　言語的に表現可能な宣言的記憶は,さらに「意味記憶」と「エピソード記憶」に分類される（たとえば,太田・小松,1983）。意味記憶とは心のなかの百科事典のようなもので,一般的知識に関する記憶である。前述の「平安京遷都は794年」は意味記憶である。これが正しい記憶かどうかは,他者に聞いたり本で調べるなどして確認することが可能である。それに対してエピソード記憶というのは心のなかの日記帳のようなものであり,個人的な思い出に関する記憶で,時と場所のような文脈情報をともなったものである。たとえば「昨日の夕食は？」と聞かれて「カレーだった」と回答する場合,「カレー」が一昨日の夕食や今日の昼食ではなく,「たしかに昨日の夕食だった」という確信を得るためには「何時ごろ」「どこで」「だれと」食べたのか,という周辺情報

表8-1　手続き的記憶の分類（太田,1992）

種　類	内　容	例
認知レベルI	感覚・知覚過程における情報処理に関するもの	lとrの発音の聞き分け単語の読み
認知レベルII	記憶・思考過程における情報処理に関するもの	記憶術・俳句の作り方　算数問題の解決法
行動レベルI	動作・運動過程における情報処理に関するもの	ワープロの操作　自転車の乗り方
行動レベルII	日常生活行動過程における情報処理に関するもの	結婚式の進め方　会議での議論の仕方

　表中の「レベル」は,レベルIよりレベルIIの方が情報処理の単位が大きく,また複雑なものと考えられている。この分類は便宜的なものであり,1つの行動に,同時にいくつものレベルでの手続き的記憶が関与している場合も考えられる（太田,1992）。

（文脈）の想起が必要である。逆に言えば，「カレー」が頭に浮かんだだけでは，もしかしたらそれは一昨日あるいはもっと以前の食事かもしれないので，回答としては不十分なのである。確信をもって回答するには，カレーというメニューだけでなく，「(昨日の夕食時の)エピソード」全体を思い出す必要があるということである。

以上述べてきた，手続き的記憶，意味記憶，エピソード記憶は，「想起意識」という観点から，潜在記憶（implicit memory）と顕在記憶（explicit memory）とに大別することも可能である（図8-1参照；太田，1995；藤田，1999，2001）。潜在記憶とは，その記憶の獲得時のエピソードを意識的に想起しなくても利用可能なタイプの記憶であり，手続き的記憶と意味記憶が相当する。たとえば，自転車の乗り方は手続き的記憶だが，自転車に乗るときには「初めて自転車に乗れるようになったときのエピソード」を思い出す必要はない。意味記憶も同様で，平安京遷都が何年だったかを答えるときに，そのことを学んだ状況を思い出す必要はない。「思い出す必要はない」と表現しているとおり，「絶対に思い出せない」とは限らず，「意識的に思い出さなくても利用できるのが，潜在記憶」ということである。一方，顕在記憶は，その記憶が獲得されたときのエピソードを意識的に思い出すことで利用できる記憶であり，エピソード記憶が相当する。「昨日の夕食は？」という問いに対して，「カレ

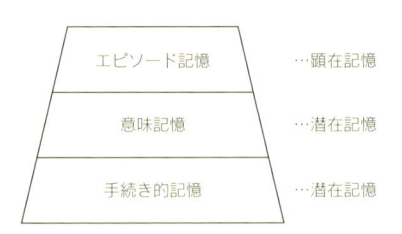

図8-1 記憶の分類と潜在・顕在記憶（太田，1995を改変）

これらの記憶は人間の発達過程でも，十分に機能するようになる時期が異なるといわれている。手続き的記憶は新生児のときから利用可能である。ことばは獲得していなくても，感覚・運動的にさまざまなことを学習できることが傍証となる。意味記憶も比較的早い段階で利用可能であり，一番あとから発達してくるのがエピソード記憶である。一般に，人は3－4歳以前のことを思い出せないという「幼児期健忘」も，「思い出」を司るエピソード記憶が機能し始めるのがちょうどそのころだからなのかもしれない。

ー」というメニューが頭に浮かんだだけでは自信をもって回答できないというのは前述のとおりで，時と場所のような文脈情報を「意識的に思い出せる」ことが重要となっているのである。

　注意しておきたいのは，これらの記憶の分類はあくまでも「思い出し方」によるものであり，すべての記憶が1対1対応していて排他的なものだというわけではない，ということである。たとえば「平安京遷都」に関する記憶は，その年号を正確に回答するという利用のしかたをすれば意味記憶として活用していることになるが，「最初に学習したときのエピソード」を思い出すことも可能だろう。つまり，意味記憶として活用可能な記憶が，エピソード的に想起不可能とは限らないのである。同時に，新しい情報を獲得するときのことを考えると，どんな宣言的な（言語で表現できる）情報でも，最初に知ったときにはエピソード記憶として獲得しているといえるだろう。その情報を，複数の文脈で学習し直したり，いろいろな状況で想起しているうちに「脱文脈化」して，特定のエピソードの想起をともなわなくても利用可能な意味記憶として活用できるようになるといえるだろう。そして，教育における「知識の獲得」という点からすれば，特定の文脈が思い出せなければ利用できないエピソード記憶のままではなく，多様な状況のなかでスムーズに利用できる意味記憶として活用できるよう，学習者の知識を定着させていくための配慮が必要といえるだろう。

(2) 記憶の種類によって異なる最適な教育方法

　前項では記憶の分類法について説明をしたが，記憶の性質が異なれば，その（効率のよい）獲得方法も異なっているということを知っておいたほうがよいだろう。同様に，学習しようとしている情報の質（種類）によって，それがどのタイプの記憶として獲得されることになるのかが変わってくる。学習者としてはもちろんだが，なんらかの情報を「教える」際にはなおさらのこと，自分が教えようとしている情報の質をふまえて，関与している記憶の種類にとって最適な学習方法を選択することが肝要となるだろう。

　手続き的記憶を獲得する際の特徴は，学習者本人の反復訓練が必要であるということである。学習者自身の経験がなければ，その情報を確実に獲得することは困難である。そして，獲得すべき情報によっては，完全に習得するまでに

はかなりの回数を，長期にわたってくり返す必要があることも多い。逆にいえば，反復訓練というプロセスを経ずに，手続き的記憶として確実に定着させることはむずかしいといえる。

それに対して，意味記憶とエピソード記憶は言語的に情報伝達し，獲得することも可能であり，「効果的な覚え方」をしさえすれば，一度の学習で相当程度の確率で定着させることも可能である。その一方で，闇雲に反復訓練をしても身につくとは限らない。既有知識と関連づけることを念頭に置き，意味的・概念的に豊富な覚え方をすることが一般的に有効である。

表8-2は，コンピュータ操作を教える場面を例にあげて，どういった内容の

表8-2 さまざまな記憶の習得と教授方法の例との関係

教授方法の例	手続き的記憶	意味記憶	エピソード記憶
1. 教科書・プリントの言語的記述によって説明	×	○	△
2. 教科書・プリントの図表によって説明	×	◎	○
3. 実際のコンピュータ画面のハードコピーの参照	×	△	○
4. 教員による操作のデモンストレーション	○	○	○
5. 教員の説明どおりに学習者が実習	◎	○	△
6. 学習者のペースで自由に実習	○	△	○
7. 教員が例題を出して学習者が実習	◎	○	◎
8. 学習者どうしに教え合いをさせる	○	○	◎

　表中の記号は，それぞれの教授方法が，かなり有効（◎），有効（○），無意味ではないが他の手段の方が有効（△），あまり効果が期待できない（×），ということを示す。

　教科書やプリントの言語記述や図表によって，定義や概念をきちんと説明することは，正しく適切な意味記憶を獲得するのには有効だが，学習者自身の操作は含まれないので，手続き的記憶の獲得は望めない。たとえばコンピュータ操作の手順などを，教員が実演してみせることは，その「段取り」それ自体を観察できるという点では，ある程度の手続き記憶的な要素も含むと期待はできるものの，それだけでは不十分なので，やはり学習者自身に実習させる機会を設けるべきである。一方，ただ教員が指示するとおりに操作させても，その手続きのもつ意味をあとで「意識的に思い出す」ことはむずかしいだろう。例題を出し，学習者自身に「考えさせる」ことで，エピソード記憶としても活用できるようになる。学習者どうしに教え合いをさせることは，学習者自身の操作も含み，また，感情的な側面の情報も含まれ，エピソード記憶としては効果がもてる。ただし，事前か事後に意味記憶的な説明を加えておかないと，誤った理解をしたままで終わる危険性もあるので要注意である。ここにあげた教授方法は「どれが一番望ましいか」という観点ではなく，授業で扱う単元ごとに，あるいはひとつの単元内でも，扱うトピック，教材ごとに，最適な教授方法を模索する必要がある，という観点から吟味してもらいたい。さまざまな教授方法を組み合わせて授業を実施することで，メリハリの利いた授業を構成できるであろう。

情報がそれぞれの記憶に関与していて，効果的な教授方法として何があるのかをまとめたものである。情報処理系の授業においては，多様な視聴覚メディア教材を活用することが可能だろうが，教員が「呈示」し，説明を加えることが有効な教材と，学習者自身に「操作」してもらうことで初めて学習効果が期待できるタイプの教材とがある，ということに留意すべきである。

　たとえばパソコンのキーボードの操作は，手続き的記憶によって獲得されるものである。教員が操作方法を口頭で説明しただけでは習得できない。学習者本人に，実際にタイピング・ソフトを利用して反復訓練させるのが，最も確実な学習方法である。逆にいえば，反復訓練しさえすれば，どんな学習者でも，確実にキー入力の技能は上達するので，学習の初期の段階で，たとえば「１分間に60回キーを打てるように」などの目標を与え，各自が訓練するようなステップを設けるべきであろう（授業時間を割いて説明するのは最低限に抑え，訓練自体は宿題にしてもよいだろう）。初期の段階でキー入力を獲得してしまえば，残りの授業を行なううえで学習者自身がパソコンに対して苦手意識をもつ要素を排除できる。

　しかし，コンピュータやネットワークに関する概念や定義などの説明は，まずはエピソード記憶として獲得できるような教え方を必要とする。学習者自身が理解可能なように，身近な具体例をあげたり，説明にプレゼンテーション・ツールを駆使したり図表を活用するなど，覚えるべき情報を豊富に膨らますくふうが有効である。そして，その新しい情報は特定の文脈だけで使うのではなく，さまざまな文脈のなかで使ってみせることで，エピソード記憶から意味記憶へと，より確実な「知識」として獲得できる可能性が増すだろう。

　これらの考え方は，コンピュータの操作に限らず，どの教科にも応用可能であることはいうまでもない。

　覚えるべき情報によって効果的な学習方法が異なるというひとつの例が，「書けば覚える」という記憶法を過度に一般化するべきではない，ということである（表8-3）。仲（1997）は大学生を対象に，２つの条件で記憶テストをした。表8-3に示したような，漢字やひらがな，英単語，図形などを５回ずつ書いて覚えてもらう条件と，書かずに５回○をつけながら見てもらう条件である。結果は表8-3の右端の列に示されている。「書いて覚える」ほうが，「見て覚え

表8-3 実験で用いた材料と書くことの効果の有無（仲，1997を改変）

実験で用いた材料の種類	例			書くことの効果
漢字	委員	価格	目標	×
単語	そら	あみ	うた	×
無意味つづり	エウ	クケ	スセ	×
英単語	key	red	way	×
発音可能な英無意味つづり	wom	rul	jid	×
発音困難な英無意味つづり	jzp	ndx	vft	×
ハングル文字風の無意味図形				○
漢字風の無意味図形				○
アルファベット風の無意味図形				○
アラビア文字				○
アラビア文字の読み方	ザール	シーン	サーダ	×

る」よりも効果的だったのは，図形か，私たちにとってなじみのない図形的な文字だけであった。ひらがなや漢字で書いたことばや英単語は，見ただけの条件にくらべて書くほうが覚えやすいということはなかったのである。

　これらの結果を，本章で述べてきた記憶の理論を用いて説明すると次のとおりになる。「書いたほうがよく覚えられる」のは，後に手続き的記憶として活用する必要があるタイプの情報に限られる。私たちにとってなじみのない，初めて見るような図形パターン（言語的に表現が困難）をあとで書いて再現するためには，実際に書いて覚えることが有効なのに対して，たとえば歴史の年号や，知っている漢字ばかりで構成されている人名やキーワードなどは，新たに手続き的記憶として覚えなくてはならない要素を含んでおらず，すでにもっている言語的な知識に関連づけるような覚え方をしたほうが効果的なのである。

　したがって，実際の教育場面でいえば，初めて書く漢字や，外国語の文字（この場合はハングルやアラビア文字）を覚えるときにのみ，「書けば覚える」ということがあてはまるので，それ以外の意味記憶やエピソード記憶として獲得すべき情報に対して「何度もくり返し書く」のは，時間と労力の無駄遣いなのかもしれないので要注意である。

　想起意識という観点からいうと，かけ算の九九や基礎的な漢字，数学や理科などの基本的な方程式や公式などは，「意識的に思い出す」のではなく，むしろ自動的に，間違いなく利用できる潜在記憶として獲得しておく必要がある。

そして，手続き的記憶は，何も身体運動をともなうものだけではなく，認知的なものも含んでいる（表8-1）。たとえばかけ算の九九なども，何度もくり返し暗唱し，100パーセント正しく素早く言えるようになるまで過剰学習させる機会を意図的に設けることが重要といえよう。

以上述べてきたように，心理学で研究されている「記憶」の理論は，机上の空論なのではなく，十分に教育実践に応用可能であるし，応用すべきものであるといえる。そしてそれは記憶の理論に限らず，本書の他の章で紹介されているさまざまな知見すべてにあてはまることである。ここでは，記憶の理論を実践に活かす具体的な例をあげてきたが，他の理論についても同様に，読者の方々に，実践につなげるべく，くふうを重ねることを期待したい。

2 コミュニケーションのある授業を支援するコンピュータ

さて，前節ではおもに記憶の理論を中心に教育方法との関連について述べてきた。以後は，おもに「学習者とのコミュニケーション」について，さまざまな視聴覚メディアの「使い方」と関連づけながら考えていきたい。

授業は教員から学習者への一方的な情報伝達で成り立っているわけではない。授業を行なったことによって，学習者がどう変化したか，授業をどう受けとめたのかという情報を教員が受け取ることによって，教員の授業もまた，変容していくものである。こうした考え方は，授業（単元）の途中で，学習者の達成度・習熟度を確認し，必要に応じて授業計画を修正するための「形成的評価」の重要性にもつながっている。教員と学習者とのあいだに「相互行為（interaction）」が成立していてこそ，充実した授業となるのであり，その視点を欠いていては，いくらよい視聴覚メディア教材を用いても，魅力的な授業にはなり得ないであろう。

では，どのようにして，教員は学習者とコミュニケーションを作り上げればよいのであろうか。たとえば大学の講義科目で，しかも受講生が100人を超す授業では，授業時間内に一人ひとりの学生と対話している余裕はない。また，講義形式よりディスカッションのほうが学生に好評だからといって，毎回，討論をするのが必ずしもすぐれた授業とはいえないだろう。こうした問題は，大

学では顕著であるが，多かれ少なかれ，高校や中学での授業にも含まれているものであろう．

(1) 紙メディアでのコミュニケーション例

本書の趣旨からははずれるかもしれないが，必ずしもコンピュータを中心としたマルチメディア環境がなくても，くふうしだいで学習者とのコミュニケーションを形成することは可能である．ここでは，大学の授業における紙メディア（つまり，プリント類）のコミュニケーション・ツールを用いた実践例をい

表8-4 紙メディアを用いたさまざまなコミュニケーション・ツールの例（溝上・藤田，2001を改変）

ツール名	大福帳	何でも帳	質問書	授業通信
特徴	授業内容・授業の進め方などに関する感想・要望を書く受講カード	授業内容・授業の進め方などに関する感想・要望を書くホッチキス留めの用紙	授業内容に関する質問を書く用紙	連絡事項や授業の補足，授業内容に関連する・関連しないQ&Aなどで構成される授業通信
作成主体	学生	学生	学生	授業者
作成時間帯	授業終了前	授業終了前	授業終了前	授業終了後
授業者と学生との相互作為の流れ	学生（大福帳記述）→授業者（コメント／朱書き）→学生に返却	学生（何でも帳記述）→授業者（コメント）→学生に返却＆次の授業構成に利用	学生（質問書作成）→授業者（回答書の作成）→学生に配布	学生（授業評価アンケートの記述部分への回答）→授業者（授業通信の作成）→学生に配布
授業者から学生へのコメント	学生全員に大福帳で＆一部の学生に授業冒頭で	学生全員に何でも帳で＆一部の学生に授業冒頭で	一部の学生に回答書で	一部の学生に授業通信で
自己記録性	各回の大福帳を学生がファイル式に保存	各回の何でも帳を学生がファイル式に保存	質問書は授業者が保管＆回答書は配付資料として学生がファイル式に保存	授業評価アンケートは授業者が保管＆授業通信は配付資料として学生がファイル式に保存

それぞれのコミュニケーション・ツールの具体例（実物のサンプル）は，溝上と藤田（2001）および藤田と溝上（2001）に紹介されている．両文献は，京都大学高等教育研究開発推進センターのHP上で，pdfファイルで閲覧可能である（http://www.highedu.kyoto-u.ac.jp/index_publication.html）．
また，「何でも帳」および「授業通信（藤のたより）」の詳細は，同HP内の「大学授業ネットワーク」のページ（http://www.highedu.kyoto-u.ac.jp/jkp/index.html）でも紹介されている．

くつか紹介しよう（表8-4）。

　それぞれ簡単に紹介すると，大福帳（織田，1999）および，何でも帳（田中，1997）は，受講カード（図8-2）や，記入用紙を束ねた冊子を配布しておき，授業終了直前に，学習者に質問や意見，感想などの記入を求めるものである。それを回収し，教員がコメントを書き込んだうえで，次の授業開始時に学生に返却する。学生からの質問のうちいくつかは，授業の導入で紹介したり，授業の展開それ自体に利用したりする（図8-3）。これらのツールは，過去の授業で自分が何を書いたのかをふり返ることが容易になっている反面，そのままではほかの受講生の書いた内容を知ることはできないという特徴がある。

　質問書（田中，1999）はやはり授業終了直前に，学習者に感想ではなく授業に関連する「質問」のみを書かせるのに対して，授業通信（藤田・溝上，2001）は，授業終了時に学習者に質問や意見，感想など，比較的自由に記入を求める。授業後に回収し，次の授業の開始時には，いくつかの質問等をピックアップし，教員が回答をつけたもの（すなわちQ&A形式になっているもの）をプリントにして配布するものである。学習者一人ひとりの質問へコメントをつけて個別に返却するわけではないことと，過去の授業において自分がどんな質問や意見を書いたのかをふり返ることがむずかしい一方で，ほかの受講生の書いた内容を知り，視点を豊かにすることが可能になっている。

　実践のしかたに多少の違いはあるものの，これらはいずれも教員と学習者とのあいだのコミュニケーションを作り上げるツールとして有効であり，一定の教育効果もあげている（溝上・藤田，2001）。授業通信を例にあげると，自分の質問や意見が授業通信に取り上げられることが，授業参加への動機を高めたり，前の回の授業内容についての復習の機会を提供するという点で，当該の授業に関連する学習を望ましいものにしていくことができる。同時に，同じ授業を受けている他の学習者が，自分とは異なる感想や質問を書いていることを知ることで，より多面的な視点からものごとを見つめることができるといった，当該の授業の枠を超える学習効果も期待できる。そして，当然のことながら，教員と学習者のあいだの情緒的な関係も良好にするという効果がある（このような教育効果の実証的な検討については，藤田・溝上，2001を参照されたい）。

　以上，紹介してきたとおり，紙メディアのものであっても，大人数の講義形

146 / 第3部　教育の効率を高めるメディア利用

図8-2　大福帳の例（織田，1999）

図8-3　大福帳の活用のしかた（織田，1999）

式の授業においても，教員と学生とのコミュニケーションを形成することは可能なのである。ただし，形のうえでこれらの実践を真似しただけでは，有効な学習支援になるとは限らない。これらのツールがもっている教育効果を意識し，積極的に活用しようという意図をもつことが重要であろう。そして，「コミュニケーション」は元来，双方向のものであるがゆえに，学習者を支援するだけでなく，教員もコミュニケーションを通じて励まされ，動機づけられるのである。

　さて，本項では，紙メディアを利用したコミュニケーション・ツールを紹介してきたが，急速に進化し普及し続けるコンピュータ環境・ネット環境を有効に使うことで，同等以上のコミュニケーションを作り上げることが可能になる。しかし，単に紙メディアで実施していることをネット上に移行しただけでは，逆に利点をそこなう結果に終わる可能性もある。次項ではその点について述べたい。

(2)ネット上で効果的なコミュニケーションを実現させるためのポイント

　前項で述べた紙メディアのコミュニケーション・ツールを含む，いわゆる「プリント」とよばれる教材をネット上で配布しようする際に，現在ではとくに技術的な面で大きな困難はともなわないだろう。もちろん，通常の教室内という限定された教育環境において容認されている著作物の複製の問題もあるので，授業プリントをそのままネットで自由に配信してしまうことのないよう，慎重に対応すべきであることはいうまでもないが，そのほかにも留意すべき点はある。

　留意点のひとつは，「プリント」であれば，授業時間内に配布することですべての学習者が目を通す機会を確保できるのに対して，授業時間外に，特定のHPにアクセスして，学習補助教材をダウンロードするように指示したとしても，すべての学習者が実行に移すとは限らない，ということがある。吉田と上岡（2001）は，大学の教育工学，視聴覚教育の授業において，自学習用資料（覚えるべき必須の情報ではなく，学習支援用教材）をHP上で配信したが，結果として，積極的に学習情報にふれようとした学生はかなり限られ（5％），46％もの学生が，HP閲覧すらしようとしなかった。また，アクセスした者も，頻

繁にアクセスするというより，一度にまとめて授業日などにダウンロードすることが多かった。このような状況に直面したら，アクセスしなかった学生の怠慢を問題視したくなるかもしれないが，もしかしたら，単にサボっていたわけではないかもしれない，ということが，次の2つ目の留意点である。

　アクセスしようとしない学習者に対して，単に利用をうながしたり，怠慢だと叱ったりするのではなく，学習者の「適性」という観点からとらえたほうがよいこともある。広瀬と山本（2004）は，WBT（Web Based Training）を補助教材として使用したとき，教材利用回数が多い学習者のほうが教育効果が相対的に大きく，成績がよかったということを報告している。また，パソコンに苦手意識をもっている学習者は，WBT教材をあまり利用しないという結果になっているので，こういう学習者に対してはWBT以外の教材を用意するか，パソコンに苦手意識をもたずにすむような教育を先行させる必要があると主張している。コンピュータに抵抗を感じている学習者に，そのままの状態で教材の使用を無理強いしたところで，その授業をきらいになるのがオチというものであろう。そのための具体的な配慮としては，たとえば，学習者の抱いているコンピュータ不安の程度を事前に質問紙（表8-5参照）などで把握しておくということが考えられよう。大きな不安を抱いている者が多ければ，そもそもネット上で教材を使うことのメリットが期待できないかもしれない。軽度の不安であれば，コンピュータ操作それ自体を習得する機会をさきに設けることで，問題は取り除けるだろう。

表8-5　愛教大コンピュータ不安尺度（ACAS；平田，1990）の項目例

オペレーション不安尺度
　・人が見ている前でコンピュータの操作をすると恥をかきそうだ。
　・コンピュータと聞いただけで，もうお手上げの気持ちだ。

接近願望
　・コンピュータを操作している人を見ると，自分も早くそうなりたいと思う。
　・私は，コンピュータについて，もっと知りたいと思っている。

テクノロジー不安
　・科学技術の発達によって，世の中が急速に変わっていくことに不安を覚える。
　・人工知能とか，コンピュータによる判断といった言葉を聞くと不愉快になる。

ACASは，上記の3つの下位尺度から構成されている。実際にはもっと多くの質問項目から測定されるものなので，使用にあたっては原典（平田，1990）を参照されたい。

留意点の3つ目は，仮に受講生全員がとくにコンピュータ不安を抱いておらず，定期的に指定されたHPにアクセスしたとしても，なお，コンテンツ*を積極的に活用しないかもしれないという可能性を頭に入れておくということである。さきに紹介したような，教員と学習者とのあいだのコミュニケーションを形成するためにネット上に「掲示板」を設置しようと考えることは，非常に自然な発想であろう。しかし，少なくとも一部の学習者にとっては，大勢の他者が目にする掲示板に自分の意見を書き込んだり，他者の書き込みにコメントをつけることには抵抗感をともなうと考えるのが妥当であろう。掲示板上で書き込みの応酬が行なわれることで初めて「コミュニケーション」が成立し，教育効果を十分に発揮することになると考えれば，やはり，単に書き込みをうながすような指示を与えるだけでは十分ではなく，何か「しかけ」を設けるべきだと思われる。

　中原ら（2002）は，ただの掲示板と，相互評価機能を実装した掲示板との比較を行ない，後者のほうが学習者が積極的に他者のコメントを読み，またコメントを書き込んでいたことを確認した。ここでいう「相互評価」とは，「複数の学習者が，他の学習者が投稿したメッセージに対して加点を行いあうこと」である。具体的には，学習者が，他の学習者が投稿したメッセージのうち，「内容が納得できるメッセージ」「他の学習者にも読むことを勧めたいメッセージ」に対してポイントを加点することができるという相互評価システムを導入した。ポイントが高いメッセージは，「重要なメッセージ」として，掲示板にログインした学習者によって，すぐに目につくように，「お知らせ」のページにニュースとして表示されるようになっていた。また，学習者自身がこれまで何回，掲示板上で発言をしたか，コメントをつけたか，そして自分の書いたメッセージが他人にどれくらい読まれているか，などが数値として確認できるシステムとなっていた。

　ここで強調したいのは，HP上に設置された掲示板に，学生どうしのコミュニケーションが発生して初めて「紙メディア」にはない有効性が発揮されているという点である。HP上の掲示板への学習者の書き込みに対して，教員がコメントをつけるだけでは，プリント状の授業通信や質問書となんら変わることはないし，すべての学習者がアクセスし目を通すとは限らないという可能性を

考慮すると，むしろ教育効果において劣ってさえいるかもしれない。しかし，掲示板上で学生相互のコミュニケーションが形成されれば，それは授業通信などのプリントでは実現が困難なことなので，コンピュータやネットを利用するメリットを活かしているといえよう。

　4つ目の留意点として，学習者の「ふり返り」の重要性を強調しておきたい。たとえば，学習者が自分の学習の成果をひとまとめにファイルする「ポートフォリオ」も，デジタル化しHP上で活用することは技術的にむずかしいことではないだろう。ただし，ポートフォリオの利点のひとつである，「学習者自身によるふり返りが容易なこと」という性質を確保していなければ，やはり教育効果がどれほどあるのかは疑問である。ポートフォリオは，学習の成果を教員が多面的に評価できるだけでなく，学習者自身が，自らの学習過程をふり返り，常に今の活動を位置づけ直すことができる点に特長があるのであって，学習の成果をただ，特定の「場所」に押し込めるだけでは意味がない。むしろ，デジタル化することで，このふり返りがいっそう容易になるようなシステム上のくふうも可能なはずである。後藤と生田（2002）は，小学5年生の総合的な学習の時間において，次のような配慮をしたうえで，デジタルポートフォリオを導入した。

　(a)　学習過程のふり返りのために，随時記入している「ふり返りカード」をHP上で抽出・時系列表示可能にした。
　(b)　相互評価コメント（「いいとこさがし・アドバイスカード」）を配布し，学習者が作品に対する自己評価を行なうための評価基準作りを支援した。
　(c)　相互評価コメントを回収し，学習者が，他人の作品を評価する際の評価基準が適切であったのか，評価者の視点から自分の書いたコメントを見直し，評価基準を意識するようにうながした。

すなわち，学習者が自分自身の学習成果をふり返るだけでなく，「自己評価」能力を高めるのに適切な評価基準を与え，学習者がそれを内化していく過程を重視したといえる。HP上で「相互評価」を可能にすることで，他者の客観的な視点からの評価を得ることが可能になっており，これは自己評価を修正することにも役立つ。

　紙メディアでのコミュニケーション・ツールのなかでも，大福帳や何でも帳

は，学習の軌跡がふり返りやすくなっているものであるが他の学習者からのコメントを得たり，他者のコメントを知る機会は乏しかった。HP上でコミュニケーション・ツールを展開することで，さらに相互評価および自己評価の適切化も可能になることが期待できる。

(3) とりあえず実践してみたいという人のために：
名古屋大学高等教育研究センターのゴーイングシラバス

本節では，紙メディアを利用したコミュニケーション・ツールと，ネット環境を活用したコミュニケーション・ツールを活用するうえでの留意点を述べてきた。読者のなかには「書いてあることはもっともだが，自分自身が実践するにはハードルが高い」と感じた方もおられるかもしれない。とくに，前項で述べたような，HPを活用したり，ネット上に掲示板を設置したりするためには，ある程度の情報処理の知識や技術が不可欠であると考えれば，なおさらであろう。

しかし，自分でHPを作成したり，掲示板を設置する技術がなくても，そして自前のサーバをもっていなくても，学習者とある程度のコミュニケーションを作り上げるための手段は用意されている。そのひとつをここで紹介したい。

名古屋大学高等教育研究センターでは，「ゴーイングシラバス」というものを河合塾と共同で開発し，名古屋大学以外の教員にも利用できるよう，門戸を開いている。筆者も名古屋大学の教員ではないが，2005年度より利用させていただいている。「シラバス」とは，授業概要・授業計画書のことをさすが，年度初めに学生が受講登録のために参照するだけの資料で終わらずに，まさに，進行形の状態で「授業を作り上げる」ツールとして開発されたのが「ゴーイングシラバス」である。

ゴーイングシラバスで何ができるのかを，実際の画面を使って簡単に紹介しよう。図8-4は各授業のトップページである。通常のシラバスに記載されているような，授業の概要に関する情報を呈示することはもちろんのこと（図8-5），毎回の授業ごとに詳細な授業計画を記しておくこともできる。

それだけではなく，「授業の記録」として，授業で配布したプリント，画像や動画などの教材をデジタル化してアップロードしておけば，学習者がダウン

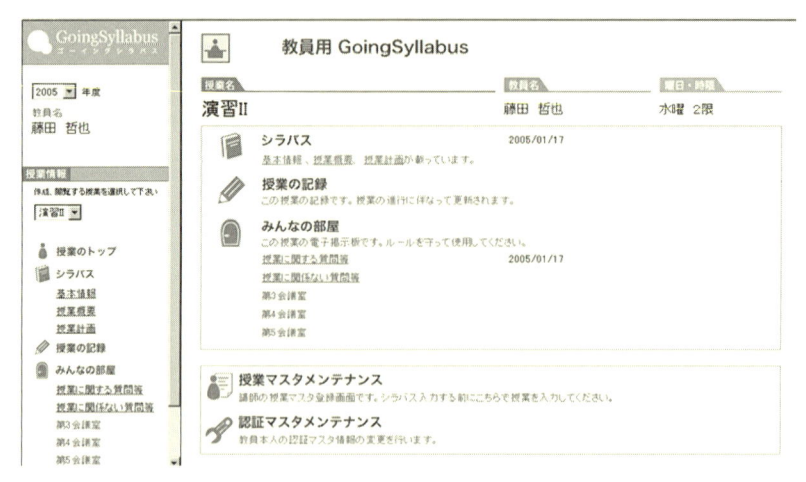

図8-4　ゴーイングシラバスの例：授業のトップ画面

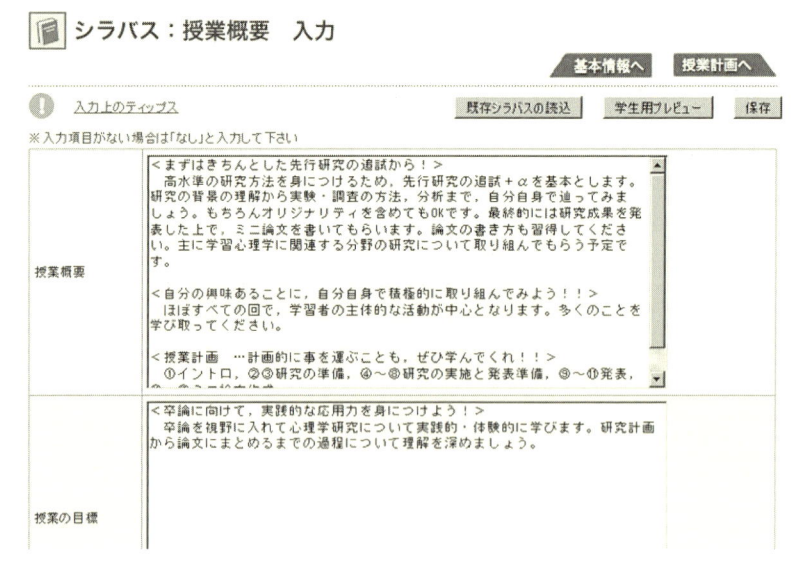

図8-5　ゴーイングシラバスのなかの，「シラバス」的な授業概要の情報ページ

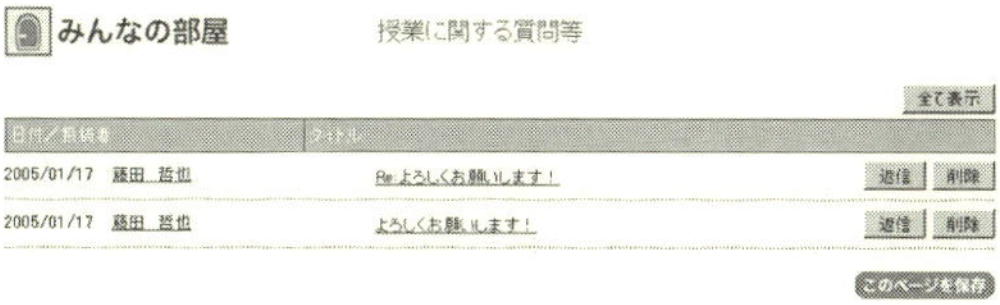

図8-6　学生と教員，学生どうしがコミュニケーションを形成できる掲示板

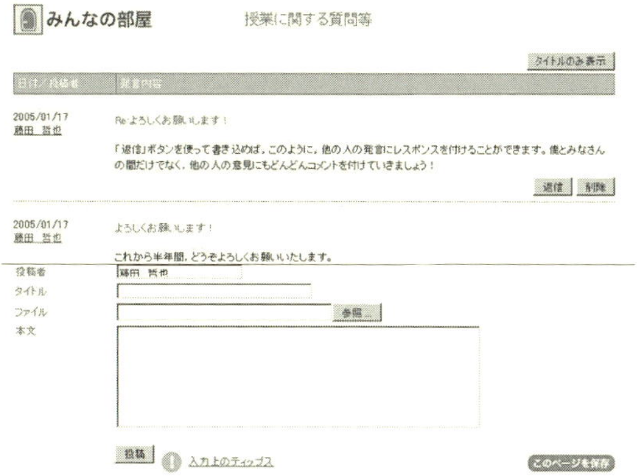

図8-7　掲示板上の発言の表示形式

ロードして閲覧することも可能である。参照させたいインターネット上のアドレスを登録しておくこともできる。

　さらに，「みんなの部屋」という電子掲示板を利用することもできる。平行して複数のものを区別して開設できるので，目的に応じて掲示板を使い分けるのもよいだろう。たとえば，授業に関係のある意見を書き込む掲示板と，授業には関係のない話題でも書き込んでよい交流目的の掲示板を別々に設置したり，レポートなどの課題を提出するための掲示板を別途設けるなど，臨機応変に活用できる（会議室名は自由に変更可能）。掲示板に書き込まれた意見や感想に対しては，教員だけでなく，学習者からも「返信」という形でコメントをつけることが可能になっている（図8-6，図8-7）。

　そのほか，掲示板のページからは，デジタル化されたデータであれば，たとえば「レポート」などをアップロードし，提出することもできる。使い方をくふうすれば，提出されたレポートなどの課題を，学習者が相互に閲覧し，評価

することも可能なシステムになっている。

　以上，簡単にではあるが，ゴーイングシラバスの主要な機能について紹介した（さらに詳細を知りたい方は，名古屋大学高等教育研究センター，2001，2003およびhttp://www.cshe.nagoya-u.ac.jp/support/gs.htmlを参照されたい。同HPから，ゴーイングシラバス利用の申請も可能である）。

　さて，このように至れり尽くせりのシステムが，自分自身で技術的に構築する必要もなく利用できるのは非常にありがたいことであるし，使わない手はないと思うのだが，本章でこれまで述べてきたとおり，「何を使うか」というよりも「何ができるか」「どう使うか」ということに注意を払うべきであることはいうまでもないだろう。ネット上で学習者とのコミュニケーションを形成しようとしたり，デジタル化した教材を活用しようとする場合の留意点は，前項ですでに述べたとおりである。ゴーイングシラバスに関しても，たとえば，掲示板をどのように使うべきか，学習者にどう方向づければ，実質的に教育効果が発揮される形で利用できるのかという点で，さらに教員がくふうを重ねる必要があるだろう。逆にいえば，そのような視点をもたない限り，どんなに技術的に洗練されたシステムを授業に導入したとしても，一時的な目新しさのみが際立つだけで，本質的な教育改善にはつながらないであろう。よくいわれることだが，すぐれた科学技術を生かすも殺すも，使う人間しだいである。教育においても例外ではない。

【引用文献】

藤田哲也　1999　潜在記憶の測定法　心理学評論，**42**，107-125.
藤田哲也　2001　潜在記憶と行為の記憶に関する研究　風間書房
藤田哲也・溝上慎一　2001　授業通信による学生との相互行為Ⅰ：学生はいかに「藤のたより」を受け止めているか　京都大学高等教育研究，**7**，71-87.
後瀬康志・生田孝至　2002　学習者の内省を支援するデジタルポートフォリオの開発　日本教育工学雑誌，**26**，245-255.
平田賢一　1990　コンピュータ不安の概念と測定　愛知教育大学研究報告（教育科学），**39**，203-212.
広瀬啓雄・山本芳人　2004　補助教材としてのWBTの利用回数とパソコン操作に関する個人特性の関連　日本教育工学雑誌，**28**，141-147.
溝上慎一・藤田哲也　2001　授業通信による学生との相互行為Ⅱ：相互行為はいかにして

作られたか　京都大学高等教育研究，**7**，89-110．
名古屋大学高等教育研究センター　2001　ゴーイングシラバスの開発　プロジェクト報告書
名古屋大学高等教育研究センター　2003　Going Syllabus操作マニュアル
仲　真紀子　1997　記憶の方法：書くとよく覚えられるか？　遺伝，**51**，25-29．
中原　淳・浦嶋憲明・西森年寿・鈴木真理子・今井　靖・山際耕英・永田智子　2002　相互評価機能を実装した電子掲示板の開発と評価　日本教育工学雑誌，**26**，33-38．
織田揮準　1999　「大福帳」の試み：教育心理学に活かす形成的評価　伊藤秀子・大塚雄作（編）　ガイドブック大学授業の改善　有斐閣選書　pp.186-191．
太田信夫　1992　手続記憶　箱田裕司（編）　認知科学のフロンティアⅡ　サイエンス社　pp.92-119．
太田信夫　1995　潜在記憶　高野陽太郎（編）　認知心理学2　記憶　10章　東京大学出版会　pp.209-224．
太田信夫・小松伸一　1983　エピソード記憶と意味記憶　教育心理学研究，**31**，63-79．
田中　一　1999　さよなら古い講義：質問書方式による会話型教育への招待　北海道大学図書刊行会
田中毎実　1997　公開授業のめざしたもの　京都大学高等教育教授システム開発センター（編）　開かれた大学授業をめざして：京都大学公開実験授業の一年間　玉川大学出版部　pp.22-48．
吉田雅巳・上岡雅史　2001　自動学習情報取得システムの開発と学習モードの多様化　日本教育工学会研究報告集，JET01-**4**，57-60．

【関連サイト】

京都大学高等教育研究開発推進センター　大学授業ネットワーク　http://www.highedu.kyoto-u.ac.jp/jkp/index.html
京都大学高等教育研究（pdfファイル閲覧可能）　http://www.highedu.kyoto-u.ac.jp/index_publication.html
名古屋大学高等教育研究センター　ゴーイングシラバス　http://www.cshe.nagoya-u.ac.jp/support/gs.html

9章 教育用ソフトウェアの研究開発

愛：うちの弟の中学って，コンピュータ，ひとりに一台あるんだって。
　　おまけに，好きなことを自由にできる時間が授業中に多いそうよ。
翔太：すごいな。
　　そんな自由な学校へ行きたかったな。
愛：何，言ってるのよ？
　　翔太なんか，いつだって，好きなことばっか，自由にやってるじゃない。
翔太：そうかな？
愛：それでね，弟の中学，マルチメディアの教育ソフトってヤツが一杯あって，なんか，授業中にゲームしているみたいなんだって。
翔太：じゃ，問題の答え，間違えても，先生に叱られることもないんだな。
愛：それなら翔太ももっと勉強する気になったかもね？

1　マルチメディア技術とは？

　近年のパーソナルコンピュータの性能向上とインターネット環境の普及により，「マルチメディア（Multimedia）」ということばは，今や非常に耳慣れたことばとなっている。マルチメディア技術とは，画像や音声などの複数の情報媒体とそれを介した情報表現と伝達手段を，統合的かつ効果的に利用することで，私たちの日常生活に豊かな情報環境を与えるものである。マルチメディア技術の進歩は，さまざまな分野へ波及効果を生んでおり，教育の分野においても学習を促進させるためのさまざまな利用方法の検討と実践がなされている。
　画像，音声など複数のメディアを用いた技術に対する試みの歴史をたどれば，

かつてテレビが登場したころにまでさかのぼる（詳しくは１章参照）。私たちの生活における日常的なコミュニケーション手段である，映画，テレビ，ラジオ，電話などは，「文字を使わないコミュニケーション」でもある。文字を使ったコミュニケーションに対するその優位性は，「容易さ」（多くの人にとっては書くよりも話すほうが楽である）と「豊かさ」（ジェスチャ，抑揚などの微妙なニュアンス）にあるといえる。しかし文字を使わないコミュニケーションの問題点は，記録としての保存やその検索を機械化する際の相性が悪いことである。たとえば，お気に入りの番組を録画したはずのビデオテープをビデオデッキにセットして，早送り再生をしながら一生懸命さがしてもなかなかみつけられない場合もある。これはビデオテープが，アナログ情報処理*技術を利用しているため，蓄えた情報を再利用しやすく管理することがむずかしいのが原因である。けれども近年におけるコンピュータの性能や情報処理技術，すなわちデジタル情報処理は，情報環境の諸々の問題を解決すべくめざましい進歩を続けている。したがって「文字を使わないコミュニケーション」は，近年のデジタル化技術の進歩により，マルチメディア技術として開花したといえよう。

(1)**マルチメディアで扱われる情報**

　マルチメディアとは複数の情報メディアを複合化して利用するという意味をもつ。これらの情報は３つに分類される（図9-1参照）。それぞれのメディアには特性があり，何もかもをある特定の情報メディアのみで伝えることは得策で

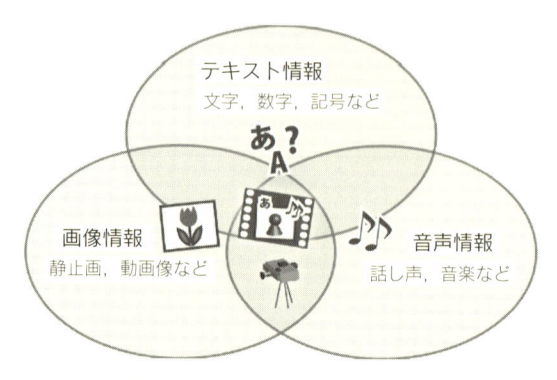

図9-1　マルチメディア情報の種類

なく，何を伝えたいかによって適切に使い分けることが重要であるといわれている。

①テキスト情報

文字によるコミュニケーションを行なうためのデータであり，他のメディア情報にくらべ，コンピュータで扱うことが比較的容易であるという特徴がある。なぜならテキスト情報を扱うための技術は，コンピュータの歴史とともに歩んできたといっても過言でなく，その処理技術については多くの蓄積がなされている。また教育において最も基本的に利用される情報メディアも，教科書をはじめとしたテキストメディアである。したがってマルチメディア時代になったからといって，その重要性は依然として変わることはない。また文字自身もさることながら，文章のもつ論理的構造も非常に重要である。最も顕著な例としてはインターネット普及の立て役者であるWWW (World Wide Web) の基本的な構造となっているハイパーテキストの概念があげられる。複数の情報メディアを利用するマルチメディアにおいては，テキスト情報をほかのタイプの情報メディアといかに有効に組み合わせて，これまで以上に効率的な情報伝達を行なうべきかが重要である。

②画像情報

画像情報はそれに含まれる情報の量がテキスト情報にくらべてきわめて多い。たとえば1枚の写真がある場合，そこに含まれている情報をすべてテキスト情報として書き出すことは到底不可能であるといわれている。この点は情報を伝達する際のメリットになる場合が多く，コミュニケーションにおいて伝えたい事柄を直感的に理解させることが可能である。

画像情報の分類は，時間の経過を含めた伝達を行なうか否かによって「静止画像（グラフィックス）」，「動画像（ムービー）*」に大別される。またさらに技術的な視点からは，おのおのが実写であるかコンピュータにより動的に作り出された画像であるかも重要なポイントとなる。なぜなら画像情報はコンピュータ上で利用する際には，概して大容量の記憶装置を必要とするためである。そのため現在においては画像圧縮のための技術や，2次元，3次元を問わずCG (computer graphics) による画像データを扱う技術もさかんに実用化されている。教育的な利用の面では，とくに動画に関する期待が大きいといえる。なぜ

なら従来の印刷物によるペーパーメディア教材では表現できなかった事柄を伝達でき，コンピュータ上でデジタル化されることにより，従来のビデオ画像の利用と比較して，より柔軟で幅広い利用が可能となるためである。

③音声情報

言語の表現形式にはさきに述べたテキスト情報のほかに，忘れてはならない音声の存在がある。人と人との日常のコミュニケーションにおいては，テキストにくらべ音声が用いられることが圧倒的に多い。これは音声によるメッセージの伝達は，発声器官以外の道具を使うことなく行なえ，メッセージの受け取り側も特別な準備などの負担をいっさいともなわずに受け取ることができるという簡便さによるところが大きい。実際のところ人間が音声により情報を送り出す速度は，筆記具を用いて文字を書いたり，キータイピングを行なうのにくらべて3～20倍であるといわれている。また音声情報には言語的な情報のみならず，音楽などの非言語的なオーディオデータの再生も含まれる。これらのデータは情緒的で人間の感情や感性にかかわる情報をも伝達することが可能であり，一般的には，言語的なデータよりもさらになじみの深いものである。

音声情報を提示する技術としては，録音された音声の再生，音声合成*，音声認識*などがある。あらかじめ録音（サンプリング）された音声を再生する技術自体は非常になじみ深いものであるが，コンピュータ上で処理を行なう場合には，画像情報と同様にデータ量が多くなってしまうという問題があり，やはり圧縮技術が用いられる。音声合成はそういったデータの蓄積に関する問題点を解決するために有効な技術であり，テキスト情報から音声データを生成することができるため，テキスト情報を活用することで，より高度な処理を行なうソフトウェアの開発が可能となる。現在ではいくつかのメーカーからも各パーソナルコンピュータ用にこの機能が提供されており，音質や流暢さの点では録音にかなわないまでも，かなり容易に利用することが可能となっている。

最近の研究開発の成果としては，音声情報を入力の手段とするための音声認識技術があげられる。つい最近までは，音声認識は音声合成と比較して，より高度な処理を必要とされるため，コンピュータ本体以外にさらに特別な装置を必要とする場合が多かった。しかし現在では，コンピュータの処理能力の向上にともない，特別な装置なしで処理を可能とする技術がパーソナルコンピュー

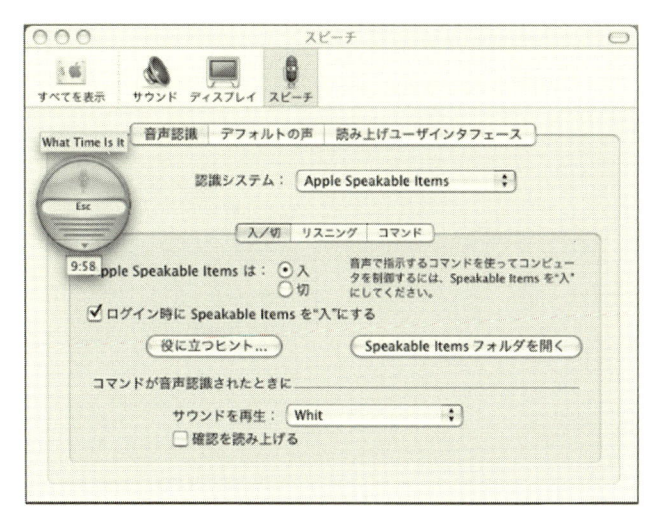

図9-2 パソコンのOSに組み込まれた音声認識・合成機能

タ上でも開発され実用化されている（図9-2参照）。

(2)代表的なマルチメディア手法

マルチメディア技術を利用する際の最大のポイントは，必要とされる対象に対してどのようなメディア情報をどのように組み合わせて使い分けるのかという点である。このためのさまざまなアイデアをもとに提案された手法をここではマルチメディア手法とよぶこととする。マルチメディアソフトウェアでは，

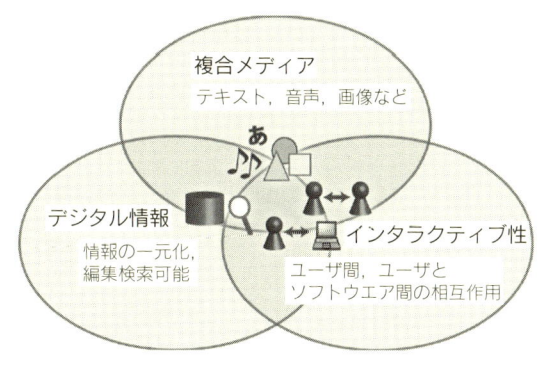

図9-3 マルチメディア手法の特徴

以下にあげるような代表的なマルチメディア手法を基礎に，独自の工夫を凝らしたものが多い。現在ではマルチメディア情報をデジタル化された複合メディアとしてとらえ，その利点を活かした手法が実用化されている（図9-3参照）。

①バーチャルリアリティ

バーチャルリアリティ（virtual reality：VR）*は，コンピュータが作り出した仮想の空間を，あたかも現実の空間であるかのように疑似体験させることが可能な，仮想現実感とよばれる技術である。VRでは仮想空間の映像や音声を一方的に受け止めるのではなく，ユーザーが仮想空間に対して操作を加えることができる。これはインタラクティビティ（interactivity：双方向対話性）とよばれ，VRに限らずマルチメディアを利用したソフトウェアにおいては非常に重要な概念となっている。

②マルチモーダル・マルチメディア

人間どうしのコミュニケーションでは入力方法として，音声，身ぶり・手ぶり，目の動きなどがより自然な入力方式として使われている。バーチャルリアリティはコンピュータから人間に対する情報の出力にかかわる技術であるが，その逆に人間からコンピュータに対する入力は，一般に従来から使われているキーボードやポインティング装置（マウス，タブレットなど）のみを使うにとどまっている。異なる入力方法の組み合わせによってコンピュータに入力することをマルチモーダル入力といい，マルチモーダル的な機能を含むコンピュータシステムはマルチモーダル・マルチメディアシステム（multimodal multimedia system：M4システム）とよばれる。現在では，音声認識技術をはじめ，データグローブやボディースーツなどとよばれる手ぶり，身ぶりを入力する装置なども実用化されている。

③ネットワークを利用したサイバースペース

人工現実感（artificial reality：AR）*やテレイグジスタンス（tele-existence）などとよばれる考え方を基本とした技術である。人工現実感とは，人間が実際に存在している環境とは異なる仮想の環境を，あたかもそれが現実の環境であるという感覚をもって体験し，かつその仮想世界で行動することを可能とする技術である。テレイグジスタンスは，人間が従来の時空の制約から解放され，時間と空間ないしはそれら両者を隔てた仮想環境に存在することをめざす概念

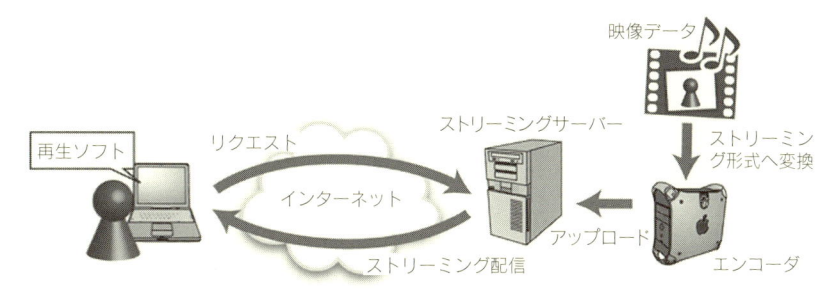

図9-4　ビデオストリーミングのしくみ

である。これらの技術を応用したシステムはインターネットのWWWを利用する形態をとるものが多く，現在では仮想都市におけるバーチャルショッピングや美術館などがある。

④ビデオ・ストリーミング

ネットワークを通じて動画像を配信する技術であり，高速なブロードバンド・ネットワークの普及により，さまざまな方面で応用がなされている。

ビデオカメラで撮影された動画像をリアルタイムに送信するリアルタイム・ストリーミングや，あらかじめ用意された映像をネットワーク上のサーバに保存しておき必要に応じて閲覧するビデオ・オン・デマンド（video on demand：VOD）とよばれる方式（図9－4参照）などが知られている。現在WWW上には多くのストリーミングサイトがあり，Webブラウザをもちいてさまざまな映像を楽しむことも可能である。

2　教育用ソフトウェアのタイプ

各種マルチメディア手法を応用することで教育用のソフトウェアは研究開発される。広く一般に市販されているものから，最先端技術の可能性を実用化しようとして各大学や企業の研究所で試作されているものまで，さまざまなものが生まれている。これらは教育現場や自習学習の場においてどのような使われ方をするかにより，ソフトウェア的には「教材」と「学習支援システム」に大別することができる。もちろん両者の特徴を兼ね備えた教育ソフトウェアも多

くあるため厳密な分類ではないが，前者はすでに多くの商品が市場に出回っており，後者は最新技術をいかに有効に利用するかを主眼に開発され，教育機関や企業内教育などを中心に導入が進められている。

(1) **マルチメディア教材**

現在市販されている教育用ソフトウェアのうち最も多いのが，さまざまなマルチメディアデータを満載したマルチメディア教材とよばれるものである。非常に豊富なデータを扱うためCD-ROMやDVD-ROMを媒体として販売，配布されている。これらのソフトウェアの開発では，ソフトウェアとしての機能面における先進性よりも，いかに良質のデータを収集するかという点に重点が置かれる。このタイプの教材は特定の学習対象に限らず，さまざまな分野に関するものが多く市販されており，あらゆる教育分野で利用することが可能である。

(2) **学習支援システム**

マルチメディア教材のなかにも，ドリル学習などを行ない，学習状況を学習者に示したりメッセージを与えたりするソフトウェアがある。しかし反復による知識の定着を図る学習方法だけが最良の学習方法ではない。既成の枠にとらわれず，マルチメディア技術はもとより，人工知能や認知科学などの研究成果を統合して，よりコンピュータがもつ可能性を最大限活用することをめざす教育ソフトウェアがある。これらは学習支援システムとよばれ，大学や企業の研究機関において研究開発されているものも多い。近年のインターネット環境の普及にしたがってコンピュータはさらに身近な存在となり，マルチメディアを利用した学習支援システムは急速に進歩している。

3　マルチメディア教材の種類

表9-1は市場に流通しているソフトウェアの一般的な分類を示したものである。現在のマルチメディア教材は「マルチメディア・タイトル」ともよばれ，おもにCD-ROMやDVD-ROMを中心とした販売，配布が行なわれている。その種類は非常に多様化しており，ここにあげたタイプの特徴を複数併せもった

表9-1 マルチメディア教材の種類

分 類	内 容
ドリル型	英単語や計算などを反復することで知識や概念を獲得する。
解説指導型	イラストやアニメーションを駆使して物事をわかりやすく，印象深く説明する。 従来のビデオ教材と比較して，検索やくり返しなどに有利。
シミュレーション型	理科の実験など各種のパラメータを変化させて起こる現象を観察する。 物体の落下，天体観測や経営シミュレーションなど。
データベース型	印刷物にくらべて検索性にすぐれ，音声や動画などもデータとして含まれる。 昆虫図鑑，植物図鑑，辞書，写真集など。
エデュテイメント型	楽しみながら物事を学べるように工夫されている。 電子絵本，ロールプレイング，アクションゲームなど。

教材も多い。この分類ではユーザーの利用目的に合わせて，どの程度の自由度を与えるかといった学習形態の違いがポイントである。ドリル型や解説指導型は，従来の教育方法をコンピュータ化したものであり，あくまでも「勉強」としてのイメージが強いものである。それ以外のシミュレーション型，ロールプレイング型，データベース型などは，あまり勉強というイメージにとらわれずに，マルチメディア情報を鑑賞する楽しさを前面に押し出すことで，学習者の興味を引き，動機づけを図ろうとしている。教材としては，どちらかといえば後者のほうがマルチメディアの本質的な効果をより有効に利用している。

(1) ドリル型教材と解説指導型

これらは従来ペーパー教材を用いて行なってきた学習方法を，コンピュータに置き換えることを中心とした構成となっている場合が多い。対象としては英単語や計算などのほかに，あらゆる分野の知識をドリル学習の題材とすることができる。このタイプの教材では，基本的にはテキスト情報による知識を中心とし，画像や音声などの情報は補助的に利用されることが多い。これらの教材を作成するにはある程度のプログラミングを行なう必要もあるが，最近は(5)で述べるようなオーサリングソフトとよばれるソフトウェアを使って，専門のプログラマーでなくとも，ある程度までの処理は比較的簡単に作成することができる。したがって，教師による自作教材も多く見受けられる。

(2)シミュレーション型

　おもに画像を用いた視覚的なシミュレーションを学習の形態とするタイプの教材である。対象としては，理科の実験などを扱ったものが最も多い。このシステムでは仮想的な実験環境をコンピュータ上に用意し，観察させたい現象のパラメータを変更することにより，そのふるまいの変化を視覚的に確認することができる。この考え方は代表的なマルチメディア手法であるバーチャルリアリティそのものであるといってよい。物理や化学などの実験は準備に時間がかかり，十分な配慮がなされないと危険をともなう場合もあり，通常これらの実験を行なうことができる場所は学校などの教育現場に限られるため，パーソナルコンピュータを利用した自習学習にも有効である。

(3)データベース型

　これまでのペーパーメディアによる辞書や図鑑などは大きく重いものであった。しかしDVD-ROMなどの大容量の記憶メディアを使うと，わずか数グラムの樹脂板1枚に，英和辞典が1冊といわず何冊も納まってしまう。データ項目と写真や挿し絵などは，データベース化技術により検索しやすく構造化されるため，コンピュータの特長をいかしてすばやく目的とする項目をみつけ出すことができる。最大の利点はペーパーメディアでは表現できない映像や音声なども含めることができることである。たとえば，動物図鑑などでは，動物たちが走り回るさまや鳴き声を含められることの意義は大きく，教育的な視点からみても受け身的な情報の享受であるテレビなどと異なり，能動的にはたらきかけを行なうことができる点は重要である。また，記憶メディアという限られた世界だけでなく，インターネットなどを利用してアクセスできる，より規模の大きいマルチメディアデータベースの構築も行なわれている。WWW自体がすでに巨大なデータベースともいえるのだが，特定の情報を最新の基盤技術を利用して提供する，電子美術館や博物館，地理情報データベース，ビデオ・オン・デマンド（video on demand：VOD）なども教材として利用できるようになりつつある。

(4) エデュテイメント型

　エデュテイメントとはエデュケーションとエンタテイメントの合成語であり，いうなれば「おもしろくてためになる」ソフトウェアという意味である。厳密な定義はないが，音楽やアニメーション，イラスト等を使って子どもたちに楽しく，ことばや数字，世の中のしくみなどを学ばせるソフトは，すべてひとくくりにエデュテイメントとよばれている。

　エデュテイメントソフトのなかには，大ヒットとなり，その後もシリーズ化されているソフトウェアも多い。

(5) オーサリングツール*

　ここではマルチメディア教材そのものではなく，教材作成に利用されるソフトウェアについてふれておく。教育用ソフトには教材以外にもツールという考え方がある。通常，教育用ツールといった場合には，教育現場で補助的に利用される道具や，教材を作成する場合に利用するワープロなども含まれる。しかしマルチメディア教材の作成に限っていえば，コンピュータ上で操作する教材作成支援のためのソフトウェアをさす。

　画像や音声を教材として利用するためにコンピュータ上に取り込み構造化することは，マルチメディアを利用した教材開発には不可欠な作業となる。これらの作業は一般にオーサリング（authoring）とよばれる。現在はマルチメディア入力装置をもつパーソナルコンピュータや，デジタルカメラやスキャナの普及により，以前よりもより手軽に行なえるようになったが，依然として素材の収集から構造化までの一連の作業はたいへん根気のいる作業となる。ここでは代表的なマルチメディア・オーサリング・ソフトウェアの概要を説明する。

　① Director

　Director（ディレクター）はMacroMedia（マクロメディア）社の製品であり，インタラクティブムービーを作成するためのオーサリング・ソフトウェアである。現在，市場にあふれているマルチメディア・タイトルの多くがこの製品を用いて作成されているといわれるほど有名なソフトウェアである。このオーサリングソフトはどちらかというと，マルチメディア・クリエータといわれる専門家による利用が主である。もちろん専門家以外は扱えないソフトウェア

というわけではないが，よい作品を作成するためにはプログラミング能力はもとよりデザイナー的なセンスが必要とされる。Directorで はLINGOやJavaScriptなどのプログラム言語を用いて，複雑な処理を必要とするゲームなども開発することができる。

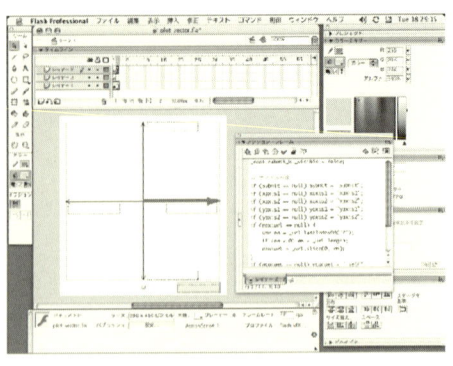

図9-5 Flashによるオーサリング

②Flash

　Flash（フラッシュ）はDirectorと同様にMacromedia社が開発した，音声やベクターグラフィックスのアニメーションを組み合わせてWebコンテンツを作成するソフトウェアである（図9－5参照）。また，それによって作成されたコンテンツ・マウスやキーボードの入力により双方向性をもたせる機能もある。Flashによって作られたファイルを閲覧するには，Webブラウザに専用のプラグインFlash Playerがインストールされている必要がある。Flash自体は有料だが，Flash Playerは無料で配布されており，現在ではほとんどのWebブラウザにあらかじめ付属しているほど普及している。作成されたファイルのサイズも小さく，デザイン性の高いホームページ作成ソフトウェアとして広く普及している。

4　学習支援システムとマルチメディアの関係

(1)学習支援システムとは？

　人間の学習支援にコンピュータを利用する試みは，1950年代後半に始まり現在にいたっている。このような試みは，CAI（computer assisted instruction）ということばで総称される。これは「計算機援用による教育」と訳され，コンピュータにより学習支援を行なうことを意味している。学習支援システムの歴史は，図9-6に示すような第１世代から第４世代までの変遷を経て展開してき

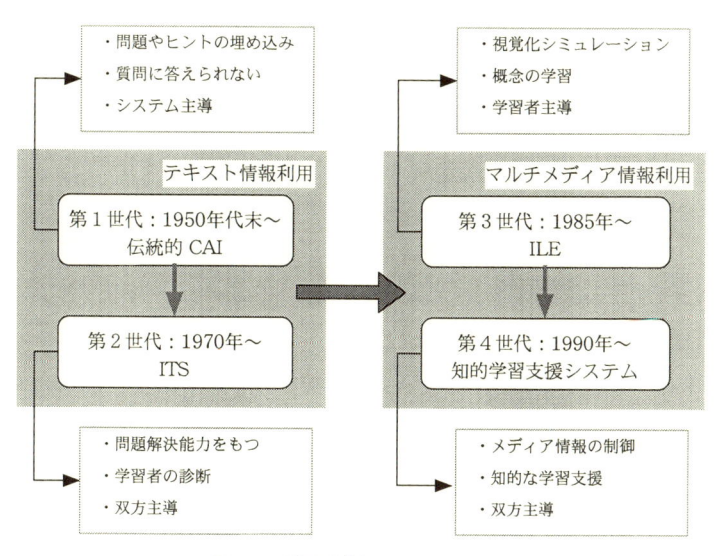

図9-6 学習支援システムの変遷

テキスト情報利用
- 第1世代：1950年代末〜 伝統的CAI
  - ・問題やヒントの埋め込み
  - ・質問に答えられない
  - ・システム主導
- 第2世代：1970年〜 ITS
  - ・問題解決能力をもつ
  - ・学習者の診断
  - ・双方主導

マルチメディア情報利用
- 第3世代：1985年〜 ILE
  - ・視覚化シミュレーション
  - ・概念の学習
  - ・学習者主導
- 第4世代：1990年〜 知的学習支援システム
  - ・メディア情報の制御
  - ・知的な学習支援
  - ・双方主導

た。第3世代が登場するまでは，いわゆる演習問題形式の学習が中心であり，これは知識指向型パラダイムとよばれ，知識や解法を学習者に教え込むことを目的としたシステムが多かった。第3世代システム以降は，マルチメディア技術が普及した後からの世代であり，マルチメディア指向型パラダイムとよばれ，それまでのシステムの機能に加え，マルチメディア情報やネットワークの利用などが重要な要素として含まれるようになった。このように学習支援システムの歴史は，技術の進歩を反映したものとなっている。

(2) 学習支援システムの基本的なアーキテクチャ

ここでは現在のマルチメディア手法を利用した学習支援システムの基礎となった，従来型CAI，およびITSの枠組み（アーキテクチャ*）について説明する。マルチメディア手法を用いた新しい学習支援システムは，いずれもこれらのアーキテクチャを基盤に，さらに新しい知見を盛り込んだものとなっている。

①伝統的CAI

伝統的CAIはアドホックフレーム型CAIともよばれ，最も初期の学習支援システムの形態であり，問題と答えの組み合わせであるフレームを学習進行のシ

ナリオをもとに順次提示し,学習者の解答に対する正誤を判定してヒントや解説を行なう機能をもつ学習支援システムである。

このタイプのシステムのよい点は,ソフトウェアとしての開発が比較的容易なことであり,オーサリング・ソフトウェアなどを利用した開発も可能である。したがって市販されているドリル型のマルチメディア教材などは,このタイプに属するものが多い。しかし本タイプのシステムでは,問題と解答をペアで用意しておく方式を採用しており,以下のような問題点をもつことが知られている。

- 学習進行の主導権をシステムがもち,学習者が質問できない
- 問題が穴埋めや選択などの特殊な形式に限定される
- 問題に対する正解,誤答,ヒントなどをあらかじめ用意する必要がある
- 誤りの原因をシステムが推定できない

②ITS

ITSは"Intelligent Tutoring System"の略称であり,高度個別指導のために人工知能や認知科学の研究成果を利用した学習支援システムである。ITSでは,従来型CAIの問題点を解決するために以下のような機能を備えることで,より知的な学習支援を実現することが可能となった。

- 対象領域の知識を用いて問題を解くことができる
- 問題を解決する過程を自然言語や図を用いて説明することができる
- 学習進行は双方主導であるため,質問(How, Why)に答えることができる
- 学習者の誤りの同定ができ,個別に適切な指導ができる

ITSのアーキテクチャは,知的な学習支援に必要となる種々の枠組みを実現した。しかし,ITSが研究され始めた当初は,テキスト情報の利用を中心とした技術が主流であったため,学習対象がテキスト情報で表現しやすい領域に限ってのシステム開発が主流であった。

5 マルチメディアを利用した学習支援システム

ここでは,最近のマルチメディア手法を利用した代表的な学習支援システム

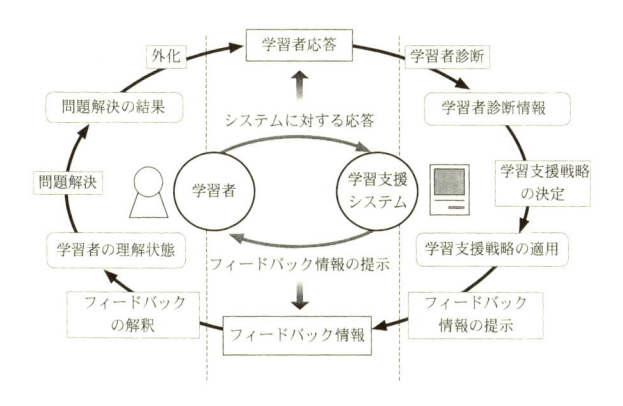

図9-7　知的学習支援システムの支援プロセス

と特徴について述べる。これらのシステムは，ITSのアーキテクチャを包含する形で広く知的学習支援システムとして定義される。知的学習支援システムでの学習支援の過程は，認知科学的な視点から人間が学習，教育を行なうさまざまな情報処理をコンピュータで模倣することをめざしている。知的学習支援システムは，一般的に図9-7のような処理過程に従って機能する。

　現在，研究試作されている各システムは，学習対象が何であるかはもとより，これらのうちのどこに重きを置いて充実させようとしているかによってもタイプが分かれている。マルチメディア技術は，とくに学習者とシステム間のインターフェースを担う重要な手段となっており，どのような用い方をするかによって，他の処理の方法に大きな影響を与える位置づけとなっている。

(1) ILE

　ILEは"Interactive Learning Environment"の略称であり，グラフィックスやアニメーションを利用したシミュレーションにより，直感的でわかりやすい学習環境を中心としたシステムである。ILEでは学習対象となる現象の内部状態を可視化して，学習者に試行錯誤的に操作を行なわせることで，概念形成を支援することを目的としている。学習者は表示された対象を直接操作（direct manipulation）することで引き起こされる状態変化を観察することができ，学習対象としては物理現象だけでなく，数直線やグラフなどの数学的概念など，

現実の世界では見ることができないものも含めることができる。

(2)環境型知的学習支援システム

学習支援システムは，学習進行の主導権をシステムと学習者のいずれがもつかにより，ITSのようなシステムによる教え込みを中心とした教授型と，ILEのような学習者に自由な操作を許す環境型に大別される。従来これらは相補的な関係にあるとされていたが，現在ではこれら双方の特徴を統合化した環境型知的学習支援システム*が知られている。環境型知的学習支援システムは，以下のような特徴をもつ。

・マルチメディア技術により学習者が自由に操作可能な学習環境をもつ
・学習者の操作から意図と理解状態をシステムが推定できる
・必要に応じて学習環境の制御やアドバイスなどを通じた指導を行なう

マルチメディア技術が必要不可欠であるという分野の代表としては，まず語学学習があげられる。なぜなら日常生活における人間どうしのコミュニケーションの65％は非言語的なものであるといわれるほど，言語を用いたコミュニケーションは視覚，聴覚的な情報の伝達に依存しており，音声や状況の提示など，テキスト情報以外の必要性が最も強いためである。したがって，環境型知的学習環境には言語を学習対象とした語学学習用の知的学習支援環境が多く見受けられる。

HELEN（國近ら，1995）は，画像や音声データを積極的に活用し，教科書を題材とした語彙，文法などの教育を行なう，教師支援オーサリング機能を備えた学習支援システムである。適応的な画像や音声の提示など，さまざまなツールを備えることで学習者個別の効果的な学習支援機能を実現している。また，英会話学習を支援するためのシステムとしては，音声認識を用いて学習者の発話を認識することで発

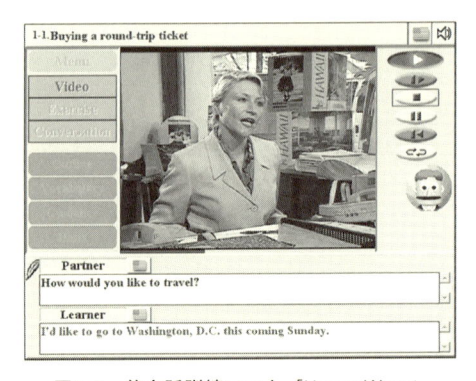

図9-8 英会話訓練ソフト「Native Ware」

音の訓練ができる山本らのシステム（山本ら，1993）や，ロールプレイング形式のシミュレーションを学習形態に採用した"Hyper English"（Okamoto & Yano，1994）などがある。これらのシステムでは，学習者の操作系列から理解状態を推定して，学習者に合わせた会話文脈の制御やアドバイスなどを行なう機能を実現している。特に前者のシステムはパーソナルコンピュータ上で動作する英会話訓練ソフトウエア「Native World」として市販され好評を得ている（図9-8参照）。最近のコンピュータ技術の飛躍的な向上は，録画した映像や音声を再生するにとどまらず，3次元CGによる仮想現実を動的に作り出し，パーソナルコンピュータ上で利用可能にしている。これらの技術は一般的なものではVRML（virtual reality modeling language）*やJava 3 D*，さらには市販のゲーム専用機のソフトウェアとして，子どもから大人まですでにおなじみである。これらの新しい技術は，これまで教材作成などに利用されてきた，2次元グラフィックスやムービーを用いたオーサリングとは一線を画した取り扱いの複雑さをともなう。したがって，かつて2次元画像がそうであったように，教育システムへの応用としては，現在ではまだ伝統的CAIのアーキテクチャをベースとした，メディアミックス的な使い方が試みられている段階といえよう。

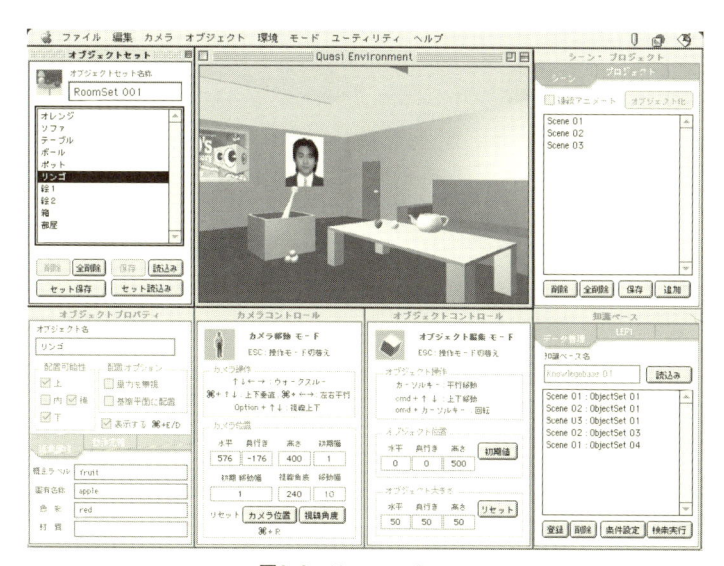

図9-9　Knowing Queen

これらの点に着目した研究システムとしては"Knowing Queen"（岡本・矢野，2000）がある（図9-9参照）。このシステムは，会話を含む言語学習を支援するためのシステムであり，パーソナルコンピュータ上でリアルタイムレンダリングされた3次元仮想空間を学習者に提示し，学習者に自由な操作を行なわせながら，ことばによるやりとりだけでなく，指示などの動作や空間内での移動などをともなったコミュニケーションの学習支援を行なうことができる。

(3) **ネットワークを利用した学習支援システム**

ネットワーク技術を利用した遠隔教育はeラーニング*とよばれ，今やインターネット環境の普及にともない急速に注目されている。そのなかでもWWWを利用したWBT(web based training)*とよばれる方式が主流となっている。WBTではWebブラウザを利用してサーバにアクセスすることで，表示されるマルチメディア教材や講義のビデオ映像などを見ながら，学習者が自分のペースで学習を進めることができる。サーバ側では，学習者の進捗状況を管理し，理解状況に応じて学習の内容や進み具合を調節する機能などをもつ（図9-10参照）WBTを用いた学習では，自由な時間に好きな場所で学習できるため時間・場所の制約がない。また学習者個人の理解度や学習履歴を把握することによる双方方向性を有している。

グループウェア／CSCW (computer suported cooperative work) は，共通の目的をもちながら遠隔地に分散している複数のグループに，協調作業を支援す

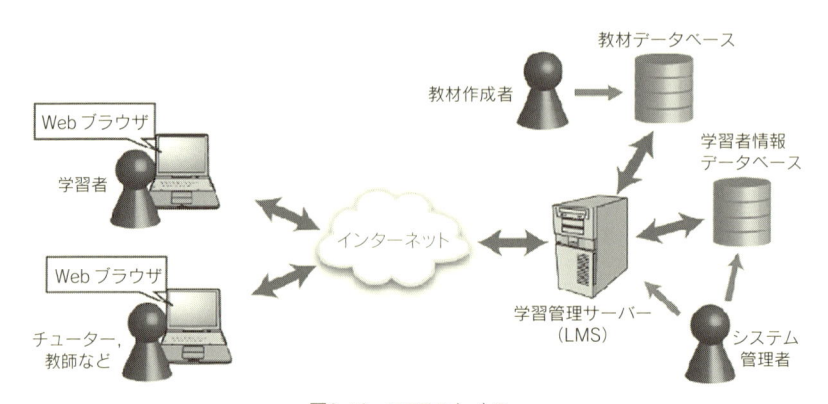

図9-10　WBTのしくみ

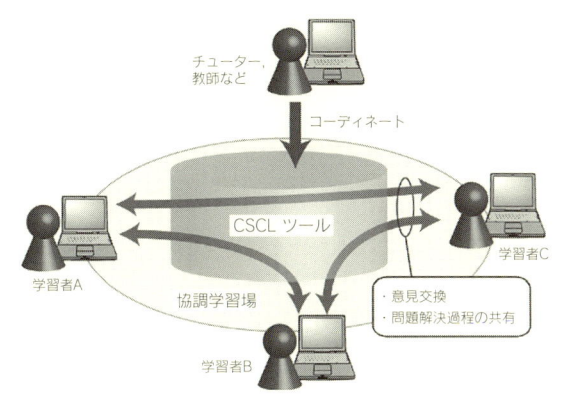

図9-11　CSCLのしくみ

るためのコンピュータシステムである。これらの考え方や技術を学習支援システムに適用したものが協調学習支援システム／CSCL（computer supported collaborative learning）である。協調学習では，学習者が相互に教師，生徒，議長などの役割を演じ，知識の共有化，洗練さらには自己表現や協調性を養うことなどが可能である。このタイプの学習支援システムでは，情報やアイデアを交換する共有空間を土台に，学習者が自己の意見を述べて意見交換を行なうことなどもできる。

　CSCLによる協調的な学習環境に関する研究開発においては，さまざまな取り組みがなされている。たとえばビデオ・オン・デマンドによる動画配信を用いた遠隔講義をより高度化する試みとしては，非同期仮想教室（asynchronous virtual classroom：AVC）（Yano et al, 2003）の研究がある。AVCはビデオ映像を中心としたオンデマンド・マルチメディア教材群と非同期コミュニケーション支援機能をあわせもつ統合学習環境である。AVCでは，Java 3Dを用いた仮想のバーチャル・クラスルームを構築し，非同期的に参加する他学習者・講師を擬人化エージェントとして仮想空間に配置・行動させることで，擬似的な同期参加環境を提供することができる（図9-12参照）。これにより学習者は，任意のビデオ教材で学習を行ないながら，受講中に学習者がいだいた疑問や，講師があらかじめ用意した質問に対して，対話的に協調的な学習を行なうことができる。

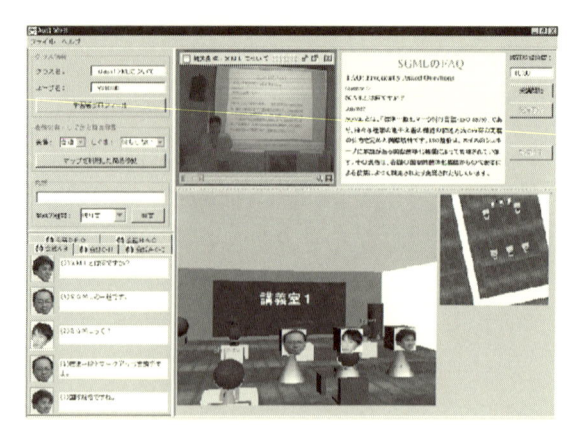

図9-12 AVC

【引用文献】

國近秀信・竹内　章・大槻説乎　1995　知的英語学習支援システムHELENのオーサリング環境　教育システム情報学会誌, Vol. 12, No. 1, 52-62.

Okamoto, R. & Yano, Y. 1994 Development of an Environmental ICAI System for English Conversation Learning. *IEICE Trans. of Information and Systems,* Vol. E 77-D, No. 1, 118-128.

岡本　竜・矢野米雄　2000　語学学習支援のための仮想空間を利用した状況提示方法―状況提示支援環境KnowingQueenの試作―　教育システム情報学会論文誌, Vol. 16, No. 4, 99-207.

山本秀樹・田川忠道・宮崎敏彦　1993　音声対話を実現した英会話用知的CAIシステムの構成　情報処理学会論文誌, Vol. 34, No. 9, 1967-1981.

Yano, Y., Matsuura K., Ogata, H. 2003 Design and Implementation of an Asynchronous Virtual Classroom : Retrospective and Prospective View. *Information and Systems in Education,* Vol. 2, No. 1, 14-22.

【関連サイト】

NativeWorld（株式会社ラーニングウェア）
http://www.learningware.co.jp/product/nw/index.htm

用語解説

【あ】行

アーキテクチャ　"architecture"はもともと建築様式を意味することばである。一般的にはシステムの基本的構造についてシステムを構成する各要素（コンポーネント）やコンポーネント間の関係性などにより記述した全体像をさす。
(岡本)

RGB　レッド（R）・グリーン（G）・ブルー（B）。多くのデジタル映像機器では、この「光の3原色」の色光を混合させることで色彩を表現している（加法混色）。人間の網膜には、この3種類の色それぞれに対して、感度のピークがある視細胞がある。一方、印刷機器などでは、CMY（シアン・マゼンダ・イエロー）の3色のインクを混ぜて色を表現する（減法混色）。
(菊池)

ISDN　サービス総合デジタル網と訳される。各種のデータ通信に利用される公衆電話網で、交換機・中継回線・加入者線まですべてデジタル化された回線である。ただし一般回線網より課金単位が割高なため、ADSLが普及してから契約数は減少している。
(清水)

アイコニック・メモリー　視覚情報の感覚記憶に対して、ナイサーがアイコニック・メモリーとよんだものである。スパーリングのいう視覚情報貯蔵（VIS）と同じものをさしており、まだカテゴリー化されていない情報を、ごく短い時間保持する（急速に減衰する）、容量が大きい、一時的視覚情報保持機構と考えられている。
(井上毅)

アナログ情報処理　連続的に存在している情報を処理する技術のこと。たとえば音による空気の振動や映像における明るさの変化は、すべて連続した波の形をしており、この波に関する情報を連続的にビデオテープなどに写し取ることで記録したり、記録されたビデオテープなどから音や映像を再現したりすること。
(岡本)

eラーニング　パーソナルコンピュータやネットワークなどを利用した教育形態を意味する。教室での一斉授業に縛られずに、遠隔地にも教育を提供できる、学習者に対して個別に教育が行なえるなどの特徴をもつ。企業の社内研修などに用いられているほか、英会話学校などがインターネットを通じて教育サービスを提供している例などもある。Webブラウザなどのインターネット・WWW技術を使う場合には、特に「WBT」（web based training）や「Webラーニング」などともよばれる。
(岡本)

イマージョン教育　1960年代にカナダで考案された言語の教育方法。目標言語を教科として教えるのではなく、目標言語で各教科を教えるような教育方法をさす。
(井上智)

意味記憶　長期記憶に含まれる宣言的記憶のうち、一般的知識の保持を担う記憶のことをさす。すなわち、概念や言語や記号、自然現象や法則や事実などに関する知識の

記憶である．意味記憶に貯蔵されている情報は，例えば「リンゴは果物である」というような知識であり，我々が"知っている"情報であって，その知識はもはやそれが学習された時や場所には依存しないものになっている．

(井上毅)

インターネット 世界中に張り巡らされている膨大な通信ネットの間をつなぐ世界で最大規模のネットワーク．3層の構造をもつといわれている．世界各国の政府機関や自治体だけでなく，各企業や研究機関のローカルネットや各プロバイダーが管理するネットなどが相互に接続されているため，いわゆるホームページなどのあらゆる種類の情報がインターネットを通して閲覧可能である．また電子メールやIP電話などもインターネットを介することによって，それぞれのネットの境界を越えて，比較的容易に使用することが可能である．

(井上智)

イントラネット (intranet) 使い慣れたインターネットの技術やアプリケーションを利用して構築される，企業内に限定したネットワークのこと．外部との接続を制限することで，内部のセキュリティを高めることが可能である．

(谷口)

インフラ インフラストラクチャー (infrastructure) の略称．道路・港湾・河川・鉄道・情報通信施設・下水道・学校・病院・公園・公営住宅など経済や産業社会生活を支える基盤のこと．とくに情報通信に関するインフラは情報インフラとよばれる．

(清水)

html HyperText Markup Languageの略．タグとよばれる目印によって文字や段落，他のページへのつながり，(リンク) 画像や音のファイルなどの要素を結びつけて構成し，ホームページを作るための文法のようなもの．

(谷口)

AAC (augmentative alternative communication) 音声言語を軸にした通常のコミュニケーションではなく，視覚シンボルやジェスチャーなども取り入れた，より多様なコミュニケーションの方法をさす．音声言語の使用のむずかしい脳性マヒの人たちやいわゆる知的障害をもつ人たちなどにも，有効なコミュニケーションになる場合が多いと考えられる．

(井上智)

NTSC方式 日本やアメリカで用いられているカラーテレビの方式．東欧で採用されているSECAM方式，西欧で用いられているPAL方式とは，信号の形式が異なる．

(菊池)

エピソード記憶 長期記憶に含まれる宣言的記憶のうち，個人的な出来事の保持を担う記憶のことをさす．ここに貯蔵される情報は，自分の経験と何らかの関わりのある，エピソードや事象についての"覚えている"情報であり，覚えた時や場所と強く関連している．

(井上毅)

オーサリングツール オーサ (author) とは一般に著者を意味し，オーサリングツール (またはシステム) はシステムで用いるデータを作成することを支援するためのソフ

トウェアである。近年のコンピュータで扱うデータの多様化にともない重要性が高まっている。
(岡本)

音声合成 人間の音声を人工的に作り出すことであり，テキスト情報をコンピュータによって音声に変換して読みあげる技術をさすことが多い。これを行なう音声合成システムはスピーチ・シンセサイザ（speech synthesizer），またはテキスト読み上げシステム（text-to-speech (TTS) システム）ともよばれる。
(岡本)

音声認識 人間の話す音声言語をコンピュータにより解析し，話している内容をテキスト情報として取り出すことであり，キーボードなどに替わる文字入力方法として注目を集めている技術である。音声認識はあらかじめ登録しておいた音声を使った個人認証などにも使われ，その場合には話者認識とよばれる。
(岡本)

【か】行

概念ネットワーク 意味的に類似したものの概念（ことばの意味）が，人間の頭のなかにおいても互いに関連のある知識として貯蔵されているとするモデルの基本的な考え方。連想関係にある単語の概念どうしが，お互いに密接にリンクで結ばれていて，複雑なネットワークを構成していると仮定しているもの。
(井上智)

仮現運動 実際には動いていない視覚刺激から，見かけの運動が知覚される現象をさす。
(井上智)

環境型知的学習支援システム 環境型とは自由度の高い学習環境を提供するという意味をもつ。画面上に学習者が使用できるさまざまな道具を配置する方法や，柔軟な学習進行が可能なシミュレーションを用いる方法がある。
(岡本)

検索 必要な情報を大量の情報のなかから探して取り出してくること。
(井上智)

国際標準化機構（ISO） 電気分野を除くさまざまな製品やサービスの国際標準や規格を定めている国際機関。全世界100か国以上が参加している。写真用フィルムやデジタルカメラの感度はここで決められた基準に基づいてISO100，ISO400などと表記される。ISOに続く数値が大きければ，感度が高く，弱い光をキャッチすることができる。
(菊池)

コミュニケーション 一般的には，意思伝達と訳されることが多いが，対人コミュニケーションやマス・コミュニケーションを含む多様な意味合いをもっている。情報の送り手と受け手，さらにメッセージの符号化や解読という専門的な枠組みでとらえられることがあるが，ふだんの会話を含む日常的なやりとりをさす一般的な用語としても使用されるために，その定義はむずかしい。個人のなかでの自分と自分のやりとりを含む考え方もあり，人間の思考活動とも密接にかかわっている。
(井上智)

コミュニケーション支援ツール 通常の条件ではコミュニケーションがうまく機能しないときに，不足する機能を補完するような道具。視覚シンボルを用いたソフトや情

報機器などもある。(井上智)

コミュニケーション能力 意思伝達能力。言語能力には，言語についての知識と言語を実際に用いる能力の2つの比較的独立した能力があると考えられるが，後者のいわゆる言語運用能力と同義に用いられることが多い。コミュニケーション能力を向上させるためには，言語の語彙と文法のみを習得しただけでは不完全で，現実場面での会話のように，話し手にとって意味のある内容を扱った会話練習などが役に立つと考えられる。(井上智)

コンテンツ 直訳すれば「中身・内容」とか「(本の)目次」だがマルチメディア環境においてはそのソフト等のなかで，インターネット環境においては，ホームページ上で，それぞれ利用可能な「情報の中身」をさす。具体的には文字(テキスト)情報はもちろん，動画や音声情報などのいっさいが含まれるので，ソフトに収録されている内容全体やホームページそのものをコンテンツとよぶ場合が多い。(藤田)

コンピュータ・リテラシー もともと，リテラシー(literacy)は識字と訳されることもあり，基本的な読み書き能力をさす。コンピュータ・リテラシーとは，コンピュータの基本的な操作ができる能力である。(藤田)

【さ】行

再認テスト 実験参加者に見せておいた図形や単語などの刺激を，後でそれが前に見たものかどうかを判断させて，記憶を調べる方法。(井上毅)

作動記憶 コンピュータのワーキングメモリに由来する語であり，短期記憶の考え方を発展させて，認知課題の遂行中の情報の処理機能を重視した概念である。作業記憶とよばれる場合もある。(井上毅)

サンプリング さまざまな意味で用いられる用語だが，画像や音声データの処理においてはデジタル処理を行なうために，連続信号であるアナログ信号を一定の空間や時間の間隔で切り取ることをさす。切り取られた信号は，その強さが数値に変換されデジタル処理が行なわれる。(菊池)

シミュレーション 複雑なシステムをモデルで表現し，そのモデルを使って実験や学習を行なうこと。実際に実施するには費用や時間がかかる場合，さらには危険が伴うような場面でよく用いられる。(井上智)

冗長な情報 最低限必要な情報だけでなく，同様の意味合いをもつ余分な情報が付加されているような情報。(井上智)

情報通信インフラ 国・自治体・通信事業者が通信サービスの提供や利用のために敷設している通信回線や設備のこと。民間では遅く不安定な電話回線でインターネットの利用が始まったが常時接続可能で高速なADSLで爆発的に普及した。現在ではより高速な光ケーブルの敷設がすすめられている。(谷口)

情報デバイド　通信情報インフラの地域差や個人や地域の経済状態の差によって，コンピュータやインターネット利用の利用状況に差が生じ，結果として入手できる情報やサービスに格差が生じること。そのことによって，経済や生活レベルでの差がさらに拡大する可能性も指摘される。
(谷口)

人工現実感（artificial reality；AR）　ビデオアーティストのMyron Kruegerが1974年に提唱した造語。音響・映像機器により作り出された仮想の環境を，あたかもそれが現実の環境であるように体験させることが可能な技術をさす。もともと仮想環境における人間と機械のインタラクション（相互作用）を芸術の一形式として定義したことばであったが，現在ではバーチャルリアリティと同義に用いられることも多い。
(岡本)

スキーマ理論　なんらかの意味的なまとまりを持って構造化された知識の単位がスキーマとよばれ，知識がスキーマによって表わされるという考え方がスキーマ理論である。スキーマの考え方は，知覚，言語の理解，記憶の想起などの過程におけるトップダウン型の処理をうまく説明するものであり，教育心理学や教科教育学に対しても大きな影響を及ぼしている。
(井上毅)

スクリプト　スキーマの一種であり，日常的場面のある特定の状況のもとで行われるであろう一連の行動に関する知識のことをさす。
(井上毅)

セキュリティ　一般的には安全や防衛の意味だが，情報関連ではとくにコンピュータ・ウイルスの侵入，システムへの攻撃，個人や会社の情報の漏洩や破壊などを防ぐという意味で用いられる。個人としては最低限IDやパスワードの管理，OSのセキュリティ機能とセキュリティソフトの利用とアップデート，セキュリティ機能付きのルータを使用するなどの対策は行なっておきたい。
(谷口)

宣言的記憶　長期記憶のうち，言葉によって記述できるような事実に関する情報を保持する記憶のことをさす。この宣言的記憶は，さらに，個人的な経験に関連する記憶のエピソード記憶と，一般的な知識の記憶である意味記憶とに区分される。
(井上毅)

総合的な学習　ある特定の教科の範囲に束縛されないで，ひとつの教材，またはトピックについて具体的体験的に学習すること。学習者の主体性や自発性が求められる。学校教育において複数の教科にまたがって学習がすすめられるひとつの教授法をさす。その意味では，合科教授とよばれることもある。
(井上智)

【た】行

ダウンロード　ホストコンピュータなどにあるファイルを，おもに通信機能を用いて，ローカルコンピュータにコピーしてくること。
(谷口)

デジタル回線　電信・電話などをつなぐ通信線路（伝送路）において，情報を連続量として伝達する方式（＝アナログ方式）と，離散量として伝達する方式（＝デジタル

方式）とがある。デジタル方式では，情報はすべて整数値（digital）の形でやりとりされるために，コンピュータが直接取り扱いやすく，外部からの雑音による影響も小さい。デジタル回線は，そうしたデジタル方式での双方向の情報伝達に用いられる電気通信の線路・回路のことである。 (清水)

デジタル情報　アナログ情報と対立的に用いられる用語。コンピュータによって編集や保存が容易になるように，数字や文字情報だけでなく，画像や映像，音声や音楽のなどの情報も，基本的には，1または0の情報に置き換えてられたものをさす。フィルムを使用するカメラが，デジタルカメラに取って代わられたことに象徴されるように，情報機器の多くがデジタル情報で処理されるように変化してきている。(井上智)

手続き的記憶　長期記憶のうち，何かを行なう手続きに関する情報を保持する記憶のことをさす。この記憶の内容は，一般に言語によって記述することが困難である。たとえば，自転車の乗り方などの運動技能や，キー入力のタッチタイピングに関する記憶などは，言語的にその記憶の内容を表現することは難しい。しかしながら，ひとたび獲得された「手続き」を再現することは容易である。 (藤田・井上毅)

動画像（ムービー）　写真やイラストのような静止画像に対して，アニメやビデオ画像のような動きをともなう画像をいう。動画像の呈示には，ビデオ画像のようにあらかじめ作成されているデータを再生する方式と，コンピュータ内部で動的に生成して表示する2つの種類がある。 (岡本)

トップダウン型処理　私たちのもつ知識に基づいて，高次なレベルからの制御の下に情報が処理されていくことであり，概念駆動型処理とよばれる場合もある。 (井上毅)

【は】行

バーチャルリアリティ（virtual reality；VR）　3次元空間のなかで，あたかもその場に存在して，ある活動を体験することができるような，コンピュータによって作り出される環境。人間の動きや運動感覚に呼応した環境が作り出されるため，コンピュータ・ゲームのような娯楽ソフトだけでなく，技術訓練や実技をともなう教育場面にも役立つものと期待されている。 (井上智)

バイナリファイル　プログラム，ワープロや表計算のファイル，画像ファイルなど，テキスト以外のファイル。 (谷口)

ハイパーテキスト　複数のテキストを相互に関連づけて参照したり引用したりする概念。辞書である項目を調べているときに，解説文に出てくる単語を調べることなどをコンピュータ上で実現したのがWWWのハイパーリンクである。 (岡本)

パスワード　アカウントとともに，利用者の認証に用いられる。初めに割り当てられるのは仮パスワードであることが多く，漏洩防止のために定期的に変更することが望

ましい。　　　　　　　　　　　　　　　　　　　　　　　　　　　　　　　　　（谷口）

ピクセル　デジタル画像を構成する最小単位。パソコンのモニタに映る映像や，デジタルカメラで撮影した画像は，小さな点（画素：ピクセル）の集合で表現される。たとえばVGAという規格であれば，縦横にそれぞれ640×480個のピクセルで画像が表現されている。このようにピクセルの集合で表される画像をビットマップイメージとも呼ぶ。これに対し，線や面（を表す数式）で図形を表現したものをベクター画像と呼び，製図やイラストなどのソフトで使われる。　　　　　　　　　　　　（菊池）

VRML　virtual reality modeling languageの略であり，仮想空間を記述するための開発言語である。VRMLで作成されたデータは，WWWブラウザ上で表示することができる。
　　　　　　　　　　　　　　　　　　　　　　　　　　　　　　　　　　　（岡本）

VR体験学習　3次元の映像などが利用可能な仮想現実の環境のもとで，学習者が疑似体験しながら学習すること。　　　　　　　　　　　　　　　　　　　　　　（井上智）

符号化　一般には，入力された情報を，情報処理システムにおいて処理するのに適合した形式の情報に変換する過程をさす。ただし，心理学においてこの語を用いる場合には，入力された刺激情報が内的処理の可能な形式に変換されて，記憶表象として貯蔵されるまでの一連の情報処理の過程をさすことが多い。　　　　　　　　　（井上毅）

ブラウザ　インターネット上のホームページを閲覧するためのソフトウェア。初期はNCSAのMosaicがブラウザの先駆役を果たしたが，現在ではMicrosoft社のInternet Explorer（IE）が事実上の標準となっている。なお，ブラウザの種類やバージョンによって，同じホームページを閲覧しても表示が異なることがある。フリーのブラウザも各種出まわっている。　　　　　　　　　　　　　　　　　　　　　　　　（谷口）

プレゼンテーション　通常は多数の人前で，新しい情報を提示したり，調べた内容を発表したりすること。　　　　　　　　　　　　　　　　　　　　　　　　　　（井上智）

プロダクションシステム　"もし～ならば，・・・せよ"という形式で表現された規則（プロダクションルール）の集合からなるプロダクション記憶と，作業記憶の組み合わせから成り立つ情報処理システムのこと。エキスパートシステムを中心とする人工知能の研究においても重要な役割を果たしている。　　　　　　　　　　（井上毅）

文脈　ある事柄が起こるときの背景や周辺の状況。もともと言語材料における個々の構成要素の間の論理的な関係や続き具合をさすことば。　　　　　　　　　　　（井上智）

ボトムアップ型処理　入力刺激からの情報のみに基づいて，低次なレベルからしだいに高次なレベルへとすすんでいく処理のことであり，データ駆動型処理とよばれる場合もある。　　　　　　　　　　　　　　　　　　　　　　　　　　　　　（井上毅）

【ま】行

マクロ命題　言語情報の理解において，入力される情報は比較的単純な複数の命題とし

て，一時的にワーキングメモリのなかで保持される。一方，文脈情報などから状況モデルが構築され，その状況モデルからもあらたな命題が生成される。これらすべての命題を包括できるような，より高次の命題がマクロ命題とよばれ，すべての命題をまとめて要約する機能を担うことになる。
(井上智)

命題（proposition） 命題とは，真偽判断の可能な最小の意味の単位のことをさしており，1つの主張として存在しうる知識の最小の単位である。この命題は，抽象的で非連続的なシンボルであって，言語よりももっと抽象的であり，知識が獲得されたときのモダリティ（視覚，聴覚など）には依存しない符号であると考えられている。
(井上毅)

メールサーバ 電子メールを受信して各自の私書箱に入れたり，出された電子メールを相手のアドレスに向けて発送したりする，郵便局のようなもの。
(谷口)

メールボックス 個人の専用の電子メール着信箱で，郵便局の私書箱に相当するもの。
(谷口)

メディア（media） 辞書によれば，ミディアム（medium）の複数形とある。ミディアムとは，ものごとの「中間」あるいは「媒介」「媒体」を意味する。メディアは通常，後者の意味で用いられ，「人と人とのあいだにたって情報を伝えるもの，情報伝達の仲立ちをするもの」をさす。
(清水)

【や】行

ユニバーサル・デザイン いわゆる障害者や高齢者だけでなく，だれもが快適に生活できるように，あらかじめまわりの環境を計画するような考え方。
(井上智)

ユビキタス 元来はラテン語で「遍在する（いたるところに存在する）」という意味をもつ。どこにいてもいつでも手軽にコンピュータを使うことができ，インターネットに接続できるような環境を支えるシステム全体をさす。
(清水)

【ら】行

LAN 比較的短い距離内で複数のコンピュータを接続したもので，各機器が独立している場合に比べて，情報の共有化，作業の能率アップ，周辺機器の共有化やコスト削減といった点で有利である。最近では家庭内や小規模オフィスでの無線を利用したLANもかなり普及している。
(谷口)

連想 心理学で用いられる連想検査や連想課題においては，ある呈示された単語を刺激として心に浮かぶ単語が求められるが，多くの場合は意味的に関連した単語が反応として生起する。このような心的活動を連想とよぶ。ただし，外から観察されなくても，頭のなかで意識的あるいは無意識的に連想は絶えず起こっており，また，意味的な関連性にもとづく連想の他に，音韻的な関連性や形態的な関連性など，種々の関連性によっても連想は生じるものであって，連想はさまざまな認知活動の基礎

になっている。頭のなかでは単語間の連想であることよりも，概念間の連想であることが多いと考えられる。

(井上智・井上毅)

索引

【50音順】

【あ】行

アーキテクチャ	169
RSS（RDF Site Summary）	78
RGB	45
ISDN	109
ILE	171
アイコニック・メモリー	22
ITS	169
IT社会	106
圧縮技術	52, 160
圧縮率	54
＠（アット・マーク）	70
アナログ情報	4, 49
アナログ情報処理	158
アナログ的表象説	31
アナログのテレビ放送	47
アニメーション	128
アマチュア無線局	109
EOGセンサー	95
e-mail	69
eラーニング	174
鋳型照合モデル	22
異言語間コミュニケーション手段	98
維持リハーサル	24
イマージョン教育	130
意味記憶	26, 137
イメージ関連シンボル	122
イメージシステム	125
色の3原色	46
インターネット	3, 63
インタラクティビティ（双方向対話性）	162
イントラネット	82
インフラ	105
Web	67
HSBモデル	55
HDTV	47
html	65
AAC	96
ADSL	74
ATM	99
液晶プロジェクタ	6
SSL	84
閲覧ソフト	68
エデュテイメント型	167
NTSC方式	47
エピソード記憶	26, 137
FTTH	74
遠隔教育	174
オーサリングツール	167
オーディオデータ	160
オプタコン	94
音声合成	160
音声情報	160
音声多重	4
音声認識	160
音声ブラウザ	94

【か】行

外国語学習	130
解説指導型	165
階層構造	75
階層的ネットワークモデル	32
階調	52
概念関連シンボル	122
概念ネットワーク	9
カオス	79
可逆圧縮	53
学習支援システム	163, 168
仮現運動	128
過剰学習	143
画像データ	52, 159
画像の記憶	26
活性化拡散モデル	33
カテゴリ名	98
加法混色	46
カメラアナロジー	40
カメラ・オブスキュラ	39
感覚記憶	20
感覚様相	22
環境型知的学習支援システム	172
桿体（rod）	44
キーワード	77
記憶負荷	16
記憶法	141
記銘	20
CATV（有線テレビ）	8
教授法	130
協調学習支援システム／CSCL（computer supported collaborative learning）	175
Google	77
グループウエア／CSCW（computer supported cooperative work）	174
経験の円錐形	13
形成的評価	143
ケーブルテレビ	109
言語学習	98

言語システム	125
言語指導	12
言語情報処理	125
言語的情報	28
言語的符号化	126
言語の習得過程	10
言語発達	12
顕在記憶（explicit memory）	138
検索	10, 20
検索サービス	74
減法混色	46
光学系	46
光学メディア	4
構造化	78
高度情報化社会	106
高度情報ネットワーク社会	106
互換性	56
国際標準化機構（ISO）	56
コミュニカティブ・アプローチ	130
コミュニケーション	4, 11, 143
コミュニケーション支援ツール	98
コミュニケーション能力	14
コンテンツ	149
コンピュータウィルス	79
コンピュータ・リテラシー	62

【さ】行

サーバ	67
再認テスト	26
サイバースペース	162
作動記憶	136
サンプリング	50
CAI（computer assisted instruction）	168
C-MOS	47
CMY	46
CMYK	55
CCD	47
CD-ROM	164
視覚イメージ情報	4, 16, 126
視覚情報貯蔵（VIS）	22
色覚障害	46
色相環	55
磁気メディア	4
視神経繊維	44
視聴覚メディア	3, 4
ZIP	53
シミュレーション（型）	14, 131, 166
Java 3 D	173
授業通信	144
受光素子	47
状況モデル	17

冗長性	52
冗長な情報	99
情報化社会	103
情報技術（information technology：IT）	106
情報検索	78
情報弱者	89
情報処理	20
情報通信	3
情報通信インフラ	63
情報通信ネットワーク	105
情報デバイド	65
情報のイメージ化	25
情報の双方向化	9
情報メディア	117
情報リテラシー	15, 62
情報量	52
処理の深さ	25
人工現実感（artificial reality：AR）	162
心的回転（mental rotation）	29
錐体（cone）	44
スキーマ	33
スクリプト	33
スクリーン・リーダー	94
ステレオ録音	4
スパムメール	79
静止画像（グラフィックス）	57, 108, 159
生成効果	25
精緻化リハーサル	25
セキュリティ	71
宣言的記憶	26, 136
宣言的知識（declarative knowledge）	126
潜在記憶（implicit memory）	138
想起	20
想起意識	138
総合的な学習	14
相互評価	149
走査信号	47

【た】行

第一次視覚野	44
体制化	25
大脳半球の機能差	125
ダウンロード	68
多チャンネル化	9
達成度・習熟度	143
脱文脈化	139
WBT（web based training）	174
短期記憶	20, 136
チャンク	24
抽象性	122
長期記憶	20, 136

直接操作	171	
（direct manipulation）		
貯蔵	10, 20	
ツールバー	78	
DVD-ROM	164	
Director	167	
ディレクトリ	67	
ディレクトリ型検索サービス	74	
データ圧縮	52	
データの暗号化	84	
データベース	62	
データベース型	166	
テープメディア	56	
テキスト情報	159	
テクノストレス	118	
デジタル映像機器	40	
デジタル回線	109	
デジタル画像	50	
デジタルカメラ	6	
デジタルコンテンツ	135	
デジタル情報	4	
デジタル情報処理	158	
デジタルデバイド	90	
デジタル動画映像	57	
デジタルメディア	62	
手続きの記憶	26, 136	
手続きの知識	126	
デフォルト値	34	
テレイグジスタンス	162	
（tele-existence）		
電気通信メディア	108	
点字	94	
電子掲示板	153	
点字タイプライタ	94	
点字ピン・ディスプレイ出力	94	
点字プリンタ	94	
電子メール	105	
添付	70	
電話回線	8, 64	
電話帳機能	8	
動画像（ムービー）	108, 159	
特徴分析モデル	22	
トップダウン	22	
トップページ	68	
ドメイン名	70	
トラックバック	68	
ドリル型	165	

【な】行

ナノメータ	45	
二重符号化説	28, 125	
日本版PIC	96	

入力装置	95	
人間の記憶システムと知識	9	
認知処理過程	123	
認知心理学	9, 20	
ネット掲示板	73	
ネットサーフィン	74, 90	
ネットワーク	8, 63	
ネットワークモデル	32	
KnowingQueen	173	

【は】行

パーソナルメディア	106	
バーチャルショッピング	163	
バーチャルリアリティ	162	
（virtual reality：VR）		
バイナリファイル	72, 82	
ハイパーテキスト	65, 159	
パスワード	69	
パターン認知	22	
バリアフリー	91	
半導体	47	
反復訓練	139	
PIC	121	
PNG	54	
PDA	109	
光の3原色	45	
光ファイバー	8	
ピクセル	50	
非言語的情報	28	
ビットマップ画像	55	
ビデオ・オン・デマンド	163	
（video on demand：VOD）		
Video-CD	56	
ビデオ・ストリーミング	163	
非同期仮想教室	175	
（asynchronous virtual classroom：AVC）		
ファイアウォール	82	
VR	131	
VRML（virtual reality modeling language	173	
VR体験学習	133	
フィッシング	79	
VBR	56	
不可逆圧縮	55	
符号化	20	
不正アクセス	79	
ブラウザ	68	
Flash（フラッシュ）	168	
フレーム	56, 128	
プレゼンテーション	6, 15	
ブロードバンド（broad band）	8, 109, 163	
ブログ	68	

ブログ提供サイト	68
プログラミング能力	168
プロダクションシステム	35
文脈	17
ペーパーメディア教材	160
ポインティング装置	162
放送免許	108
ポートフォリオ	150
ホームページ	65
保持	20
保存媒体	40
ボトムアップ	22

【ま】行

マクロ命題	17
マスコミュニケーション	106
マスメディア	106
瞬きセンサー	95
マルチメディア	14, 108, 157
マルチモーダル入力	162
マルチモーダル・マルチメディアシステム	162
見かけの運動	129
無線ブロードバンド（wireless broadband）	109
無線LAN	109
命題	16, 31
命題的表象説	31
メインフレーム	110
メインページ	68
メーリングリスト	72
メールアカウント	69
メールアドレス	70
メールサーバ	69
メールボックス	69
メールマガジン	73
メタデータ	79
メディア	106
メディア社会	109
メディア・リテラシー	62
モダリティ	94
モニター仮説	130

【や】行

URL	67
ユーザー認証	69
誘導運動	128
ユニバーサル・デザイン	91
ユビキタス	104
ユビキタスコンピューティング	110
ユビキタスネットワーク社会	110

【ら】行

LAN	82
ランゲージ・ラボラトリー（LL教室）	6
リアルタイム・ストリーミング	162
リテラシー	61
リハーサル	24
量子化	50
リンク	65
リンク集	75
連想	25
ローカル環境	82
ログイン	82
ロスレス圧縮	53
ロボット型検索	74

【わ】行

ワーキングメモリ	16
World Wide Web（WWW）	65, 159

［編者紹介］

井上　智義（いのうえ　ともよし）

【略　歴】
　1954年　京都市に生まれる
　1978年　京都大学教育学部（教育心理学専攻）卒業
　1982年　京都大学博士後期課程（教育方法学専攻）中退
　　　　　大阪教育大学教育学部助手，助教授を経て，
　現　在　同志社大学社会学部教授
　　　　　〈京都大学博士（教育学），1998年　在外研究
　　　　　（カナダ・ビクトリア大学客員教授）〉

【専門分野】　教育方法学・言語心理学

> 心理学に寄せられる期待が大きい割には，心理学者はそれに十分応えていない。性格占い的な心理テストなどは，多くの人たちの関心を集めたりするが，科学的客観的な心理学は，なかなか世の中の役に立ちにくいようである。認知心理学には，領域の性質上，大きな潜在的応用可能性が備わっている。にもかかわらず，その研究成果が一般に知られて活用される例はきわめて稀である。どうすれば人に情報が伝わりやすいのか，どうすればその情報が無理なく記憶に残るのか，どうすれば楽しく学習がすすめられるのか，そして，豊かなコミュニケーションには，なにが必要なのか。本書が基礎研究を応用に活かすための橋渡しとして役立つことを祈っている。

【著　書】
　外国語の偶発的な習得とコミュニケーション能力　1995年　新しい教育心理学者の会（著）　心理学者　教科教育を語る　北大路書房
　視覚シンボルによるコミュニケーション：日本版PIC（共著）　1995年　ブレーン出版
　人間の情報処理における聴覚言語イメージの果たす役割　1999年　北大路書房
　ろう者の言語と記憶に関する認知心理的研究　1999年　梅本堯夫（監修）現在の認知研究：21世紀に向けて　培風館
　異文化との出会い！：子どもの発達と心理―国際理解教育の視点から―（編著）　2002年　ブレーン出版
　ビジュアル・コミュニケーション：効果的な視覚プレゼンの技法（共著）　2002年　北大路書房
　福祉の心理学：人間としての幸せの実現（著）　2004年　サイエンス社

その他

視聴覚メディアと教育方法 Ver. 2	
認知心理学とコンピュータ科学の応用実践のために	
1999年 3 月20日　初版第 1 刷発行	定価はカバーに表示
2004年10月10日　初版第 6 刷発行	してあります。
2006年 3 月20日　Ver. 2 第 1 刷発行	
2014年 2 月20日　Ver. 2 第 4 刷発行	

編 著 者　井　上　智　義
発 行 所　㈱北大路書房
〒603-8303 京都市北区紫野十二坊町12-8
電　話　(075) 431-0361㈹
ＦＡＸ　(075) 431-9393
振　替　01050-4-2083

ⓒ 1999,2006　印刷／製本　亜細亜印刷㈱
検印省略　落丁・乱丁本はお取り替えいたします

ISBN978-4-7628-2491-3 Printed in Japan

・ JCOPY 〈㈳出版者著作権管理機構 委託出版物〉
本書の無断複写は著作権法上での例外を除き禁じられています。
複写される場合は，そのつど事前に，㈳出版者著作権管理機構
(電話 03-3513-6969,FAX 03-3513-6979,e-mail: info@jcopy.or.jp)
の許諾を得てください。